6

シリーズ「遺跡を学ぶ」

126

紀国造家の実像をさぐる

岩橋千塚古墳群

丹野 拓・米田文孝

新泉社

紀国造家の実像をさぐる
—岩橋千塚古墳群—

丹野　拓・米田文孝

【目次】

編集委員
勅使河原彰（代表）
小野昭
小野正敏
石川日出志
小澤毅
佐々木憲一

装幀　新谷雅宣
本文図版　松澤利絵

第1章　二つの紀氏

1　紀伊国に勢力を張る氏族、紀氏

紀臣系と紀直系

紀伊国は近畿地方の南部を占める山あいの地で、広く外洋に開けている。それは、現在の和歌山県に加え三重県の南部を含めた広大な地である。しかし、古墳時代の「紀《き》」はどちらかといえば紀の川下流域を中心とする地域の名称で、現在の和歌山平野とその周辺域を指す場合が多い。この地域はいわゆる豪族「紀氏《きし》」の勢力圏であった。

紀氏とは、古代の史料にみられる紀臣《きのおみ》、紀直《きのあたい》といった地域名「紀」（八世紀以降、紀伊と表記）を冠した氏族の総称である。本来、氏族は姓《かばね》を厳密に分けて考える必要があるが、紀氏の場合は、もともと在地にいた集団が二つに分かれた側面が強いとみられている。

紀の川北岸を本拠とする紀臣系の集団は、岸俊男《きしとしお》（以下、敬称略）らの研究により、同族集団が瀬戸内航路沿いに分布し、畿内政権の水軍としての性格が強いことが明らかにされた。

一方、紀の川南岸を本拠とする紀直は、薗田《そのだ》香融《こうゆう》らの研究により、紀国造家《きこくぞうけ》として在地に勢力を張っていく大きな流れが説かれた。これらの説を受け、栄原《さかえはら》永遠男《とわお》は「紀臣」と「紀直」は、古墳時代中期の時点では「原《げん》紀氏集団」とよぶべき大きな一つの集団であったとした。

文献では五世紀に朝

図1 ● 岩橋千塚古墳群と本書関係遺跡
岩橋千塚古墳群は紀伊半島の北西部、紀の川河口の平野部に面して築かれている。

鮮半島へ渡った将軍として紀小弓宿禰《きのおゆみのすくね》・紀大磐宿禰《きのおおいわのすくね》が登場し、紀臣系の祖先とみられているが、集団が未分化な段階の首長を、宿禰とよんでいる可能性も考えられている。

文献史学の検討をまとめると、紀氏とは「紀」地域に勢力をもっていた集団の総称で、畿内を中心とする国家が成熟していく時期に担っていた役割の違いから、のちに本拠地をヤマトに移し、中央氏族になる皇別氏族の紀臣系と、在地の首長として勢力を張る神別氏族の紀直系に分かれたとみるのがよいだろう。

では、この二つの紀氏の本拠地と、その奥津城《おくつき》（埋葬地）はどこにあったのだろうか。

二つの紀氏の勢力圏と墓域

文献の検討などから、紀臣系集団の本拠地は紀の川下流域北岸とみられている。平井津《ひらいのつ》推定地の周辺には陶質土器が多量に出土した楠見《くすみ》遺跡や、全国最大級の鳴滝《なるたき》倉庫群がみつかっており、

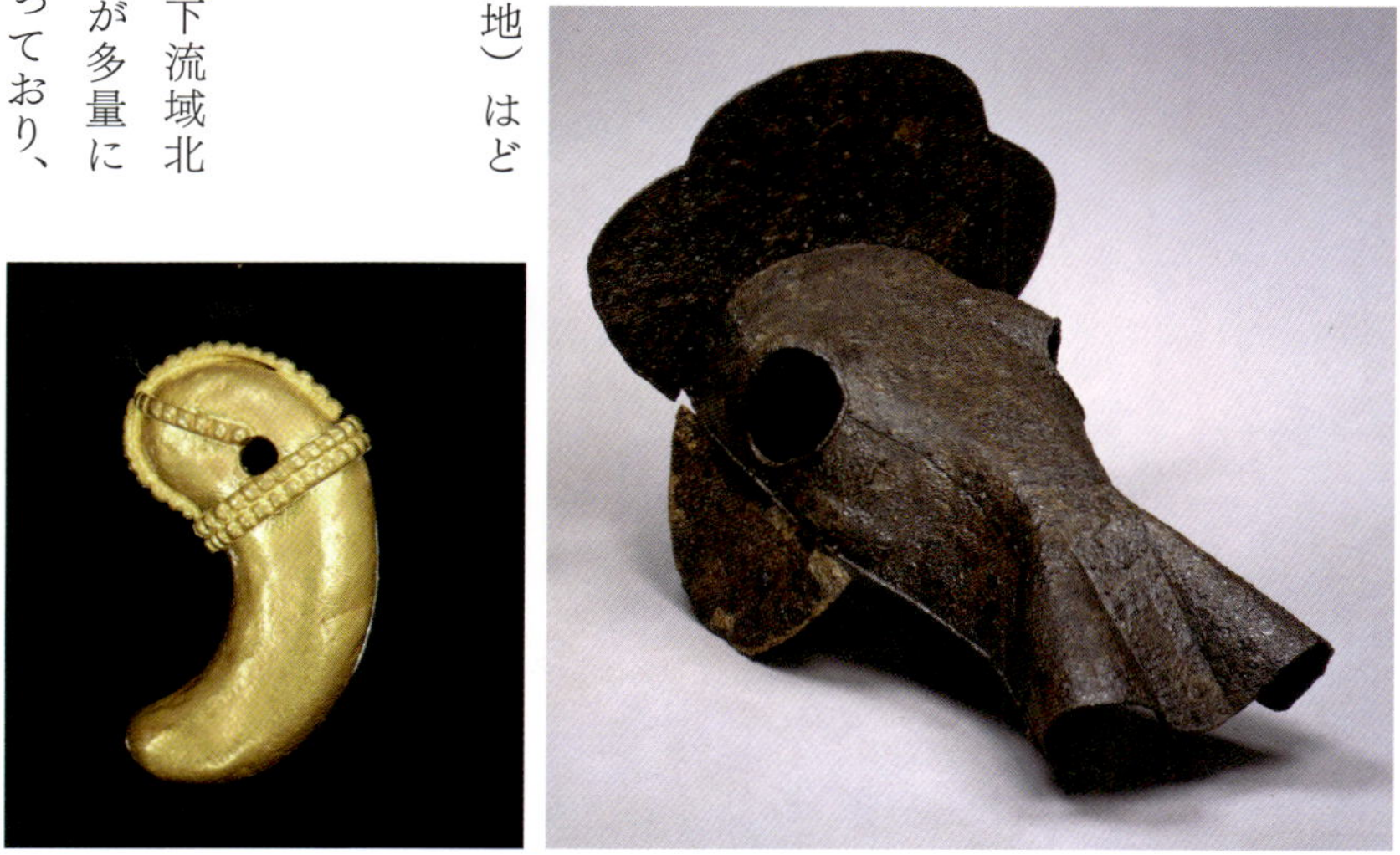

図2 ● 紀の川北岸の古墳出土遺物
大谷古墳では馬冑（右）や馬甲、車駕之古址古墳では金製勾玉（左）といった朝鮮半島製の文物がみつかっている。

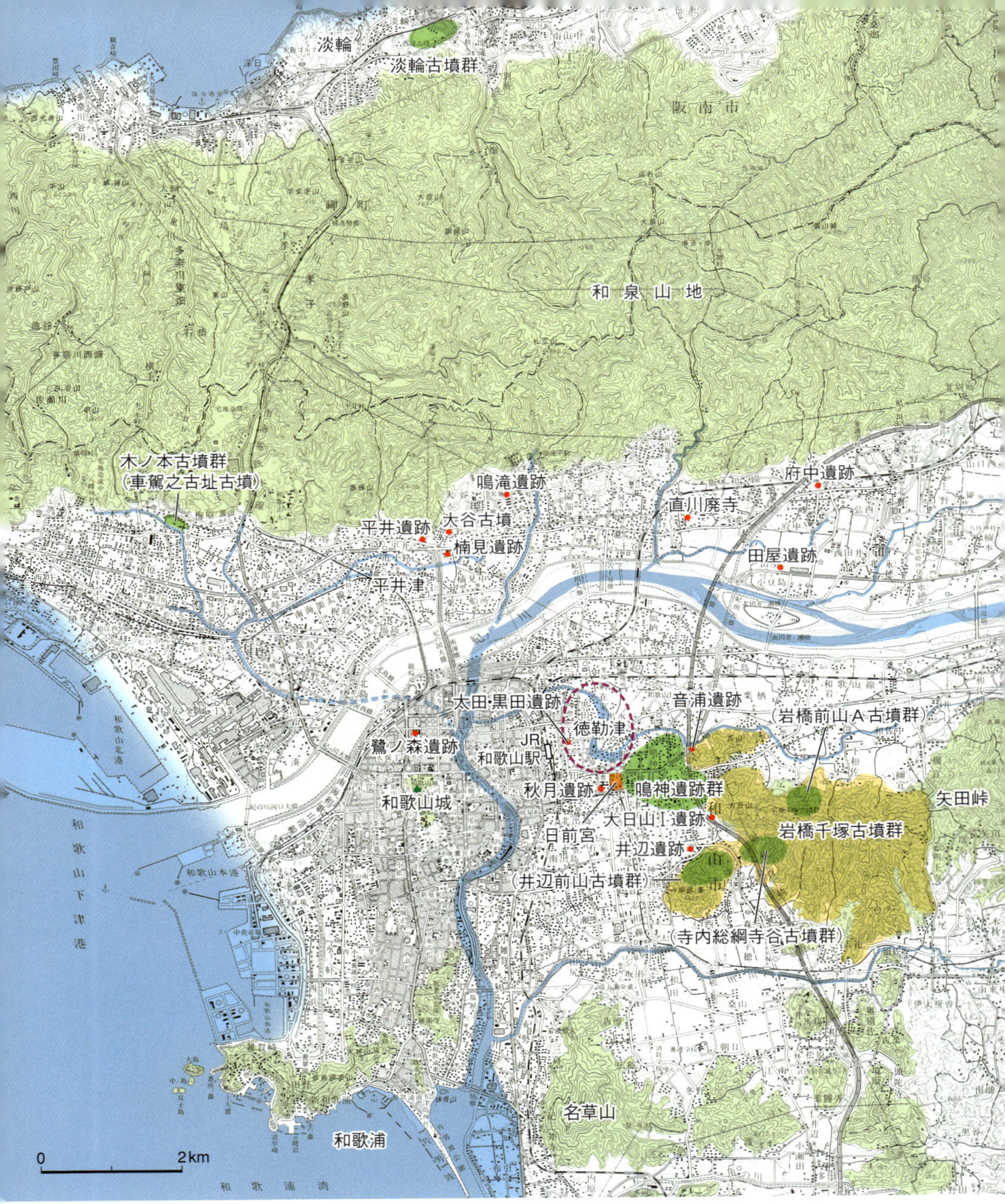

図3 ● 岩橋千塚古墳群と周辺の遺跡
古墳時代の紀の川は和歌浦に注いでいたといわれる（図の旧流路は推定）。紀の川下流域には紀水門と総称される港津群があり、北岸の平井津には紀臣、南岸の徳勒津（ところのつ）の周辺には紀直を中心とする勢力の遺跡群が展開していた。

馬冑《ばちゅう》の出土で有名な大谷古墳《おおたに》もある（図2右）。

また、大谷古墳の西方約三キロにある木《き》ノ本《もと》古墳群には、金製勾玉《まがたま》（図2左）の出土で有名な車駕之古址《しゃがのこし》古墳がある。これらの古墳は朝鮮半島製の副葬品をもち、畿内政権の軍事・交易を担った集団として位置づけられる紀臣にふさわしい古墳といえる。

なお、『日本書紀』雄略《ゆうりゃく》天皇九年五月の条では紀小弓宿禰の墓が、大伴室屋大連《おおとものむろやのおおむらじ》や土師連《はじのむらじ》小鳥《ことり》の協力で田身輪邑《たむわむら》につくられたとされており、朝鮮半島との交流が盛んな五世紀中頃の紀伊地域全体の首長の墓は、紀伊地域北端の航路沿いにある大阪府岬町の淡輪《たんのわ》古墳群となる可能性を考えておく必要があるだろう。

一方、紀直系集団の勢力圏と考えられる紀の川下流域南岸には、鳴神《なるかみ》遺跡群を中心に水路網でつながるいくつかの集落遺跡が展開し、紀伊地域で最大の穀倉地帯となっていた。鳴神遺跡群は倉庫群や灌漑水路網、埋没古墳を含む遺跡で（図51参照）、渡来系の土器類が多数出土する古墳時代の最先端をいく大きな集落であった。

紀直は紀国造として「名草上下《なくさかみしも》溝口神《みぞのくちのかみ》」の祭祀等をとりおこない、紀伊国一宮《いちのみや》の日前神《ひのくまじん》宮《ぐう》・國懸《くにかかす》神宮（以下、日前宮《にちぜんぐう》と略す）の宮司《ぐうじ》として現在までつづく家系である。紀の川南岸の平野部を潤す灌漑用水路網（名草《なくさ》溝、現在の宮井《みやい》用水）の分水地点である鳴神音浦《なるかみおとうら》を眼下に見下ろす場所で築造が開始された岩橋《いわせ》千塚《せんづか》古墳群が、紀直系集団の古墳群と考えるのが妥当だろう。

2　岩橋山塊の大古墳群

JR大阪駅から紀州路快速に乗って九五分。特急スーパーくろしおに乗れば、新大阪駅から六七分。電車は南へと走り、和泉《いずみ》山地を越え、紀の川の橋を渡り、和歌山市の玄関口JR和歌山駅に到着する。駅の西側には紀州徳川家五五万石の城下町が開け、その向こうには海が広がっている。現在の街並みは近世和歌山の城下町にはじまる風景で、それ以前は紀の川の河口部に広がる砂堆《さたい》の一部であった。古墳時代中期を代表する湊《みなと》の一つ「紀水門《きのみなと》（紀伊湊《きいみなと》）」にかかわる遺跡群は、今は市街地の地中深くに眠っている。

城下町に背を向けて、駅から東へ一歩踏み出すと、弥生時代の集落跡として名高い太田《おおだ》・黒田《くろだ》遺跡の中に入る。そのまま東へ抜けると、日前宮の社叢と古墳時代の大型集落遺跡、鳴神遺跡群が広がっている。鳴神遺跡群の東側に広がる丘陵が岩橋山塊で、ここに首長墓から群集墳まで約八五〇基の古墳が営まれている。この古墳群は岩

図4●和歌浦から岩橋千塚を望む
紀の川南岸の平野部に日前宮があり、その東側に岩橋山塊が広がっている。

橋千塚と総称され、岩橋型石室とよばれる独特な横穴式石室の存在などで知られてきた。

近年、めずらしい埴輪が出土したのを契機に分布調査をやり直してみたところ、どうやらこの古墳群は築造集団からみると主に四つの集団に分けられるようだ。なかでも紀直を中心に形成された大規模な古墳群を狭義の「岩橋千塚古墳群」として整理し直せば、その集団の実像を探ることができるのではないだろうか。

一〇〇年にわたる発掘調査の成果を元に、古墳群を築いたのはどのような人びとだったのかを解き明かしていこう。

（丹野　拓）

図5 ● 岩橋千塚全体図
紀伊山地、龍門山脈からつづく丘陵のうち、矢田峠より西の山塊を岩橋山塊とよぶ。岩橋山塊には古くから多数の古墳が築かれていることが知られており、岩橋千塚と総称されてきた。

第２章　岩橋千塚の調査

1　調査のはじまり

徳川頼倫の踏査

江戸時代の岩橋山塊は、紀州徳川家の附家老《つけがろう》である田辺《たなべ》安藤家の所領であった。古墳群の存在は『紀伊続風土記《きいぞくふどき》』などで確認できるが、状況はほとんどわかっていない。

明治時代になって調査の端緒を開いたのは紀州徳川家の第一五代当主徳川頼倫《よりみち》であった。頼倫は東京に住んでいたが、一九〇六年（明治三九）に和歌山へおもむき、岩橋千塚を訪れている。その内容は記録に残されていないが、天王塚《てんのうづか》・将軍塚の石室を見学したようであり、その見聞談は、頼倫と交友のある東京帝国大学の坪井正五郎《つぼいしょうごろう》にもたらされ、翌年八月には、坪井のもとにいた大野雲外《おおのうんがい》がさっそく現地を調査している。

大野は同年九月に『東京人類学会雑誌』に装飾付須恵器《すえき》を紹介し（図6）、つづいて天王塚・

将軍塚の横穴式石室と前山《まえやま》Ａ一七号墳の箱式石棺を紹介した。当時の将軍塚は天井部に向かって開けられた狭い盗掘坑から侵入するしか石室に入る方法はなく、案内者に連れられて土まみれになって穴を降りた徳川頼倫や大野雲外の姿が思い浮かぶ。

この頃、日本に滞在していたイギリス人ニール・ゴードン・マンローも岩橋千塚に強い関心を抱いた一人で、大著 *Prehistoric Japan* の中で、大野雲外から入手した図をもとに彼は「これらの墓室は日本においても最も並はずれたものであると考えなければならないし、おそらく構造上、世界中でも最も注目すべきもの」と紹介した（**図7**）。

天王塚の石室は高さが約五・九メートルあり、畿内地域のどの古墳の石室よりも天井が高い。石室内は壁面に緑色の石を積み上げ、奥壁沿いに石棚《いしだな》を構築する。天井を見上げると八本の石梁《いしはり》がかかり、木造建築であるかのような構造美をみせており、その独特な形態の横穴式石室は、のちに「岩橋型」とよ

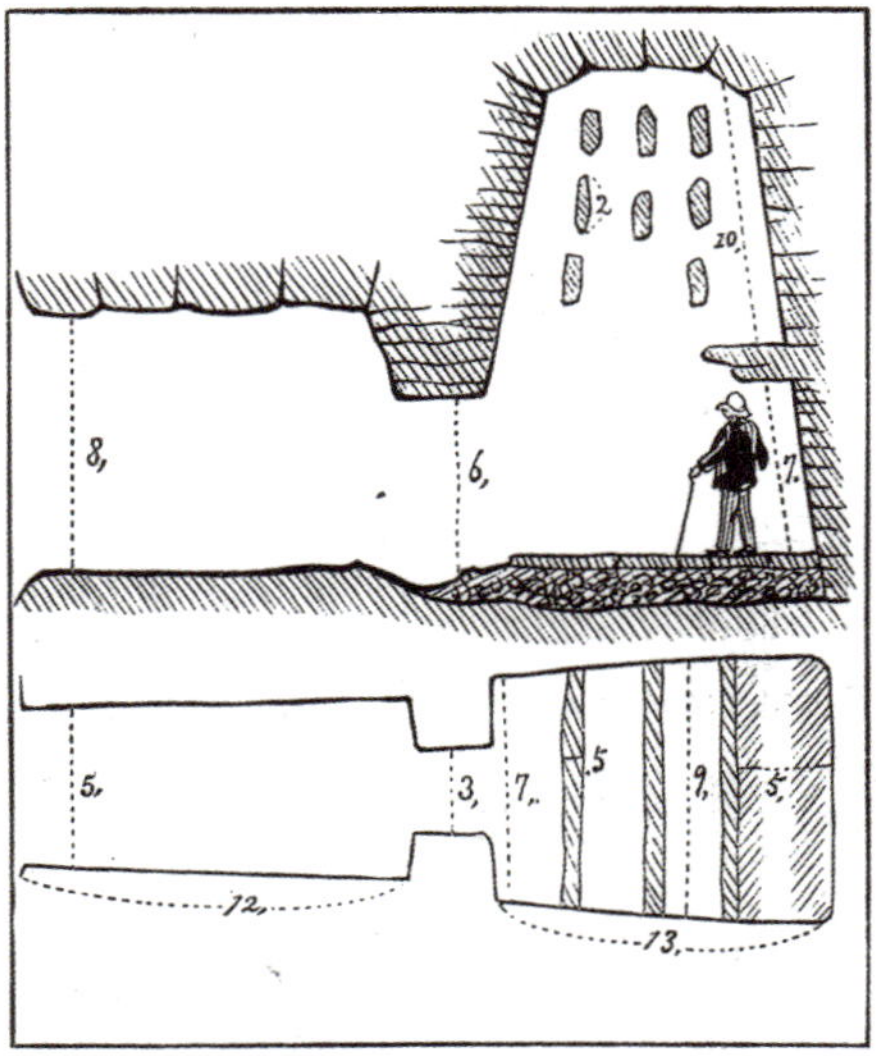

図7 ● マンローの描いた天王塚石室
マンローとみられる人物の上に石棚、その上に8枚の石梁の断面が表現されている。

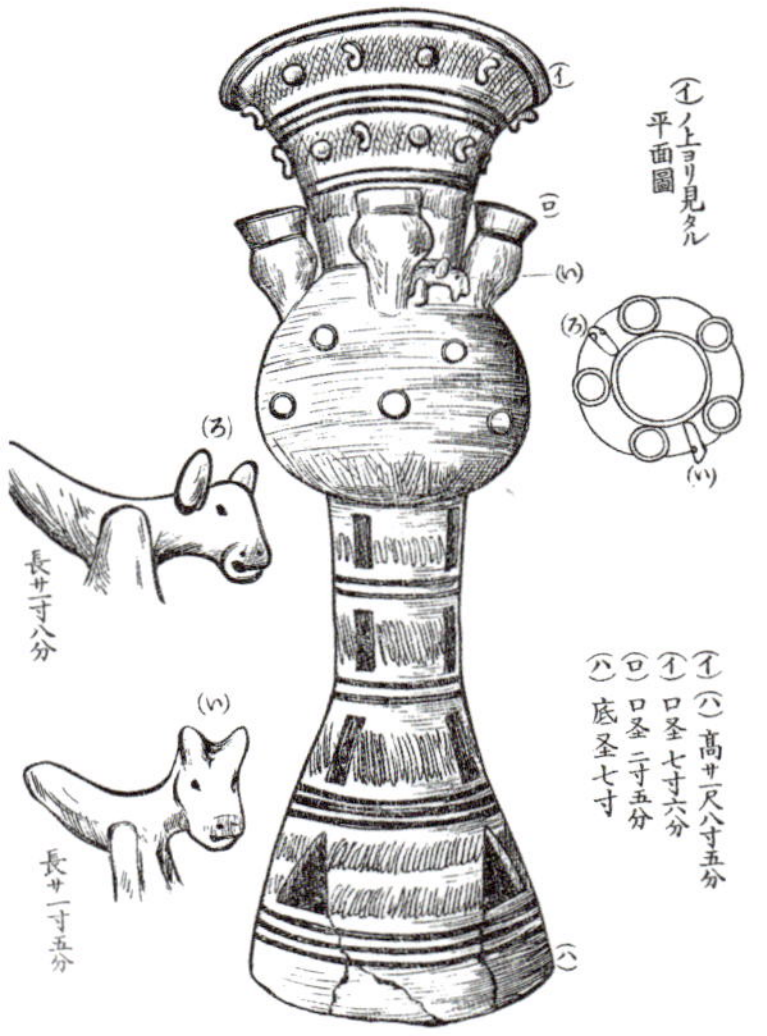

図6 ● 大野雲外の実測図
前山Ｂ地区の大岩谷にある古墳で出土した装飾付き須恵器。

ばれる（図8）。

出土遺物は破片しか残されていなかったが、人物や馬、水鳥の小像が付いた装飾付須恵器片や金銅製の飾り金具類、インド・パシフィックビーズとよばれる赤いガラス玉を含む玉類などが出土し、羨道《せんどう》部からは漆製品の断片が出土している。埋葬施設としては異色な、色鮮やかな空間であった様子がうかがえる。

岩橋千塚第一期調査

一九一八年（大正七）、和歌山県知事の号令のもと岩橋千塚の調査が開始された。

調査員は黒板勝美《くろいたかつみ》・岩井武俊《たけとし》・田沢金吾《きんご》の三名で、三～四年を経てその調査成果は『和歌山県史蹟名勝天然記念物調査報告書』第一輯にまとめられている。報告書では古墳の密集する前山A地区を対象として前述の岩橋型の横穴式石室とともに、多数の竪穴式石室や箱式石棺が紹介された。報告書の終わりには、「吾々の仕事は不滅なるものへの追及であり、またあらねばならぬ……」と綴られており、約一四〇基の古墳の測

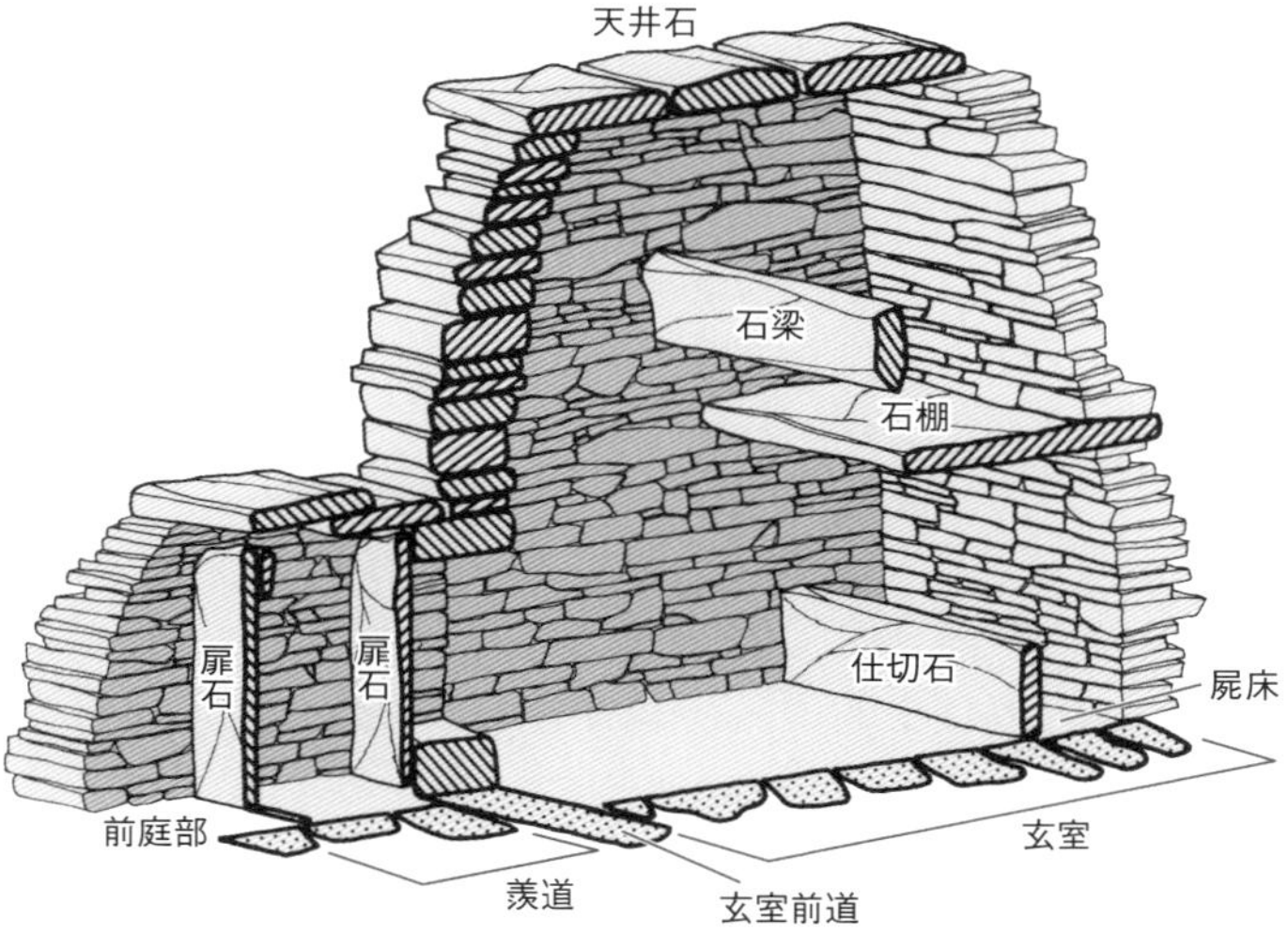

図8●岩橋型横穴式石室の模式図
玄室の入口部（玄室前道あるいは通廊とよぶ）と羨道の入口部を扉石でふさぐ。石棚・石梁や屍床仕切石のある石室も多数ある。

量を主とした忍耐のいる仕事を完遂した田沢の、岩橋千塚への思いが込められている。

終戦直後の保存運動

岩橋千塚の重要性はしだいに浸透し、一九三一年（昭和六）には本古墳群の一部が国の史跡指定を受けた。しかし、同時に太平洋戦争末期の世相が影を落とし、丘陵部には本土決戦準備の陣地が多数築かれた。

太平洋戦争が終わると燃料不足を解消するため岩橋山塊は皆伐《かいばつ》され、ついで食糧難を解消するための開墾計画がもち上がった。この計画は国や県といった中央の方針に基づくものであったが、推進計画の最前線の場に身を置いていた田中敬忠《よしただ》は岩橋千塚の重要性を感じその保護を図った。

戦後の喫緊の課題であったはずの食糧増産計画を止めてまで文化財の保護を図るという非常に困難な仕事には、想像を絶する苦悩があったに違いない。しかし、そのような状況下にあって、岩橋千塚の保存の声は市民の間からもわき起こり、やがて田中と宮田啓二《けいじ》を中心とする保存運動や署名活動に発展した。開墾計画は約一〇年間もち越され、食糧難の好転ののちに新たに制定された文化財保護法により一九五二年三月二九日、古墳群の主要部約二五万五三五〇平方メートルが国の特別史跡に指定された。大正年間からの先人の努力が結実し、宮崎県の西都《さいと》原《ばる》古墳群と並ぶ全国に二つしかない国宝級の古墳群として認められるに至った。

都市開発の波

一九五五年頃から岩橋千塚周辺では市街地化が進み、古墳群は開発の波にさらされた。後期古墳の密集する中心部は特別史跡に指定されていたが、市街地に接する花《はな》山《やま》地区と井辺前山《いんべまえやま》地区は特別史跡指定地から大きくはずれており、古墳群の分布状況も不明であった。

そんな折、古墳群を守らなくてはいけないという危機感をもっとも強く感じ行動に移したのは、在野の考古学者・大野嶺夫《みねお》であった。大野は古墳群の麓に住居を移し、夜勤の仕事をして時間を捻出し、広大な岩橋山塊を歩き始めた。しかし、開発の波はつぎつぎに押し寄せ、大型前方後円墳までもが開発の波にのみ込まれる事態が生じていった。

花山丘陵の南斜面に位置する花山一〇号墳は、全長四四メートルの前方後円墳である。この古墳は初期の首長墓の一つであるが、花山団地の造成に伴い一九六二年に消滅した（**図9**）。後円部では粘土槨、くびれ部付近では小型の竪穴式石室が確認されている。

図9 ● 花山10号墳の破壊
左側の山頂部が後円部、右側の高まりが前方部にあたる。大野嶺夫撮影。

ついで一九六六年、井辺前山丘陵の北端にあった全長四九メートルの前方後円墳・井辺前山六号墳が土取り工事のため消滅した。墳丘が削られるなかでの調査がおこなわれ、石室全長六・六九メートル、玄室長二・三八メートルの両袖式の横穴式石室からは須恵器《すえき》・土師器《はじき》・土製紡錘車《ぼうすいしゃ》・直刀《ちょくとう》・鉄鏃《てつぞく》・玉類・馬具のほか、陶質土器の大甕《おおがめ》片などが出土した。

そして、花山一〇号墳や井辺前山六号墳を守れなかった人びとの思いは三年後、南隣にあるもう一つの首長墓である井辺前山一〇号墳（井辺八幡山古墳）の発掘調査につながっていく。見事な埴輪《はにわ》群像が出土したことと、地権者の理解もあって開発による古墳の破壊を食い止めるに至った。（丹野　拓）

2　岩橋千塚総合調査

総合調査がはじまる

このような開発と遺跡保護のせめぎ合いのなか、岩橋千塚を守るために和歌山市教育委員会は、戦前の調査につづいて第二期ともいえる、岩橋千塚古墳群の総合的な学術調査を企画した。調査は一九六二年度に分布調査、翌六三年には花山古墳群の緊急調査を実施したが、同年には岩橋千塚総合調査（以下、総合調査）も開始された。

現地調査を担当したのは、団長の末永雅雄《すえながまさお》と薗田香融（文献班）、森浩一《もりこういち》（考古学班）が指導する関西大学文学部考古学研究室の大学院生・学生であった。総合調査は一九六三年度から四年間、延べ約二〇〇日間実施された。調査は地域の研究者や住民の方々の協力をえて、和歌山市と関西大学が共同しておこなったが、総合調査の成果報告書をもとに考古学班の成果をみよう。

分布調査によってわかったこと

まず分布調査の成果から、あらたに山塊や尾根筋を基準にして、古墳がつくられた八地区が設けられた。従来の限定された岩橋千塚古墳群から地理的に大きく範囲が拡大されることになり、本古墳群は花山古墳群や井辺前山古墳群、井辺総綱《そうこう》寺谷《じだに》古墳群、寺内《てらうち》古墳群などを含んだ、全体として一大古墳群の総称となった。また、岩橋千塚古墳群の各地区につくられた古墳の総数は五二五基以上と確認された。

この分布調査によって本古墳群の古墳総

図10 ● 戦後すぐの前山A・B地区（1954年11月12日撮影、北西から）
燃料不足から伐採され、樹木が繁茂する前の状況を示している。稜線上の頂部には将軍塚が築かれている。北側にのびる支尾根上には円墳が隣接して多数築かれていることがわかる。

数は約六〇〇基という根拠ができ、和歌山県下最大の群集墳であることがわかった（図11）。

さらに、その後の分布調査や発掘調査により、現在では総数約八五〇基が確認されており、和歌山県下の古墳総数一六〇〇基の半数以上が本古墳群にある。また、近年では岩橋山塊の古墳群から井辺前山古墳群、岩橋前山A古墳群、寺内総綱寺谷古墳群の三つの古墳群を分離して岩橋千塚古墳群を再認識し、四つの造墓集団による首長系譜の変遷を考える見解も示されている（第4章参照）。

岩橋千塚の墳形

つぎに、岩橋千塚古墳群を構成する古墳の墳形を分類すると、前方後円墳一六基、円墳四三七基、方墳四基、形状不明

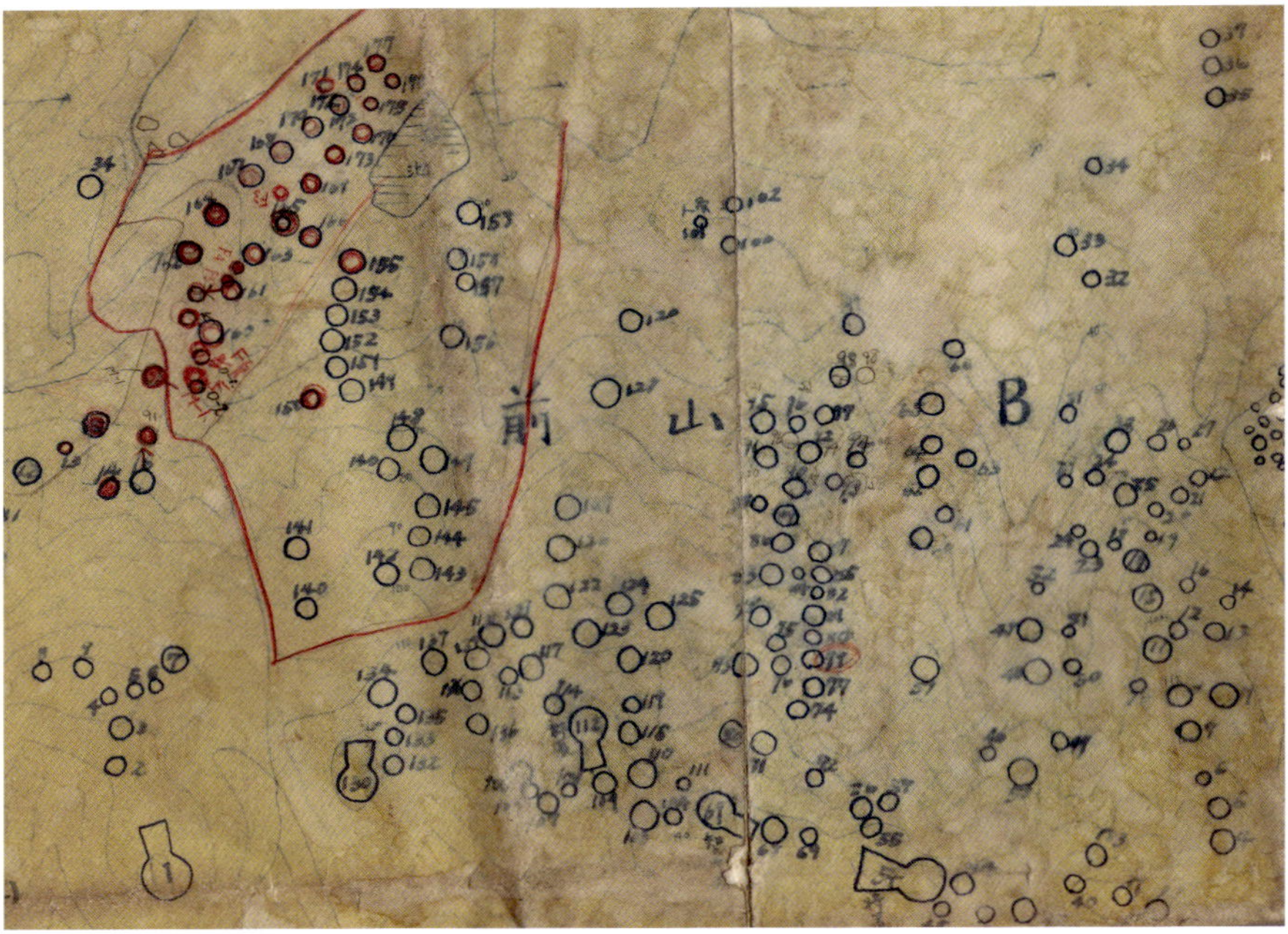

図11 ● 関西大学考古学研究室による岩橋千塚古墳群の分布調査の図
分布調査は、冬期を中心に実施された。この時期までには植生も回復し、調査は困難を極めたという。和歌山市教育委員会が作製した青焼図を手に踏査を実施し、加筆修正をおこなった。

一二基で、大部分は円墳である。前方後円墳の占める割合は約三パーセントで、全長七〇メートル以上が三基、三〇メートル級が六基である。また、地区別では七基がつくられた花山地区に集中する。古墳がつくられた立地では、前方後円墳は山頂部や尾根の稜線上、尾根の先端部に築かれたが、大多数を占める円墳は山腹から裾部へと密集してつくられた。埋葬施設には粘土槨や箱式石棺、竪穴式石室、横穴式石室がある。本古墳群でもっともはやく五世紀中頃（あるいは前半）に築かれた大谷山三九号墳では、埋葬施設として粘土槨や箱式石棺が用いられていた（図12）。

しかし、総合調査では開口する横穴式石室を埋葬施設とする古墳が一六七基以上あることが報告されており、横穴式石室がもっとも多く採用された。この調査では、岩橋千塚古墳群は五世紀中頃から七世紀にかけて造営されたと考えられたが、現在では花山八号墳や花山三六号墳、井辺前山二四号墳などの検討から、四世紀末から五世紀はじめ

図12●大谷山39号墳の粘土槨（右）**と箱式石棺**（左）
総合調査と前後する時期の調査成果の一つ。粘土槨（右）は全長7.8m、中心に長さ6.7mの割竹形木棺の痕跡が残る。箱式石棺（左）からは12歳前後の小児の骨が出土した。

にさかのぼる可能性が指摘されている。

岩橋千塚古墳群における古墳の築造は六世紀代に最盛期をむかえ、横穴式石室は大きく発達した。いわゆる「岩橋型の石室」と称される石室構造で、羨道と玄室通廊（玄室前道）、玄室という平面構造や、石棚や石梁、高い天井などの特徴を備えたものがふえる。このような特色を有する岩橋型の石室は紀の川市（旧那賀郡）の竹房《たけぶさ》一号墳や八幡塚《はちまんづか》古墳、海南市（旧名草郡）の山崎山《やまざきやま》一号墳や室山《むろやま》一号墳などでもつくられている。総合調査では報告書の記載順に、花山二号墳にはじまる二十数基の調査成果が報告された。ここでは、その代表として天王塚をみておこう。

和歌山県下最大の前方後円墳、天王塚

天王塚は、大野雲外による一九〇七年（明治四〇）の調査以来、後円部に特異な横穴式石室を備えた前方後円墳として注目されてきた。岩橋山塊の最高所（海抜一五五メートル）に、地形を巧みに利用してつくられている。墳丘の全長は八六〜八八メートル、後円部の直径約四四メートル、高さ約九メートル、前方部の幅は約四六メートル、高さ約六メートルで三段に築かれる。埴輪や葺石などの外表施設、造り出しや周壕などは確認されなかった。本古墳群のみならず、和歌山県下最大の前方後円墳である。

天王塚の後円部中央には、全長一〇・九五メートル、高さ五・九メートルの横穴式石室がつくられている。とくに石室の高さは、熊本県の大野窟《おおのいわや》古墳の六・五メートルにつぐ、現状で日本

列島第二位の高さを誇る。石室の構築には、紀の川南岸域で採取できる結晶片岩が用いられている。この石材は板状に剥離できるという特徴があり、板状の割石を小口積みにもち送りながら積み上げている。天井部では両側壁の幅が狭小になり、最上段には大きな板石を数枚架けている。石室の入口は、大きな板状の扉石で閉塞される構造と考えられている。

また、壁面を積み上げていくなかで、石棚と八本の石梁が架構されている。石棚は奥壁と両側壁の三辺に接して廂《ひさし》状に組み込まれており、石梁は内傾する側壁面を補強する役割を果たしていたのであろう（図13・39）。全国的にみた場合、石棚のある古墳は熊本県から福井県まで約一三〇基あるが、石梁は岩橋千塚古墳群周辺に限られる。出土遺物に須恵器や玉類、馬具、鉄鏃などがあり、六世紀後半につくられたと考えられている。

そのほか、総合調査では墳丘の全長約八六メートルの前方後円墳である大日山三五号

図13 ● 天王塚の石室の石棚と石梁
写真下方に段違いに2枚で組んだ石棚があり、上方に3枚の石梁がみえる。天王塚では石棚・石梁を用いて、天井の高い石室を実現している。

墳（六世紀前半）や帆立貝形古墳の花山八号墳（五世紀はじめ）、全長六七メートルの前方後円墳である大谷山二二号墳（六世紀前半）など、主要な古墳が調査された。あわせて、地域住民に対して発掘調査の成果がすみやかに公開されたことも重要である（図14）。

その後、一九六八年度から一九七五年度にかけて、岩橋千塚古墳群の土地公有化がすすめられるとともに、「史跡公園紀伊《きい》風土記《ふどき》の丘《おか》」として環境整備事業がおこなわれ、一九七一年度には、先行して一般に公開された。現在では、史跡指定面積は追加指定分も含め、合計六二万九八七八平方メートルとなった。

（米田文孝）

図14 ● 天王塚の調査報告会
1964年3月15日、和佐地区の元享寺でおこなわれた。
壇上は調査担当者の一人である薗田香融。

3　井辺八幡山古墳の調査

井辺前山古墳群では最大の古墳

関西大学の総合学術調査につづいて、天王塚と並んで岩橋千塚古墳群を代表する古墳として知られるようになった井辺八幡山古墳の調査がおこなわれた。調査は和歌山市教育委員会と同志社大学文学部考古学研究室が共同して、一九六九年に約三三日間実施された。

井辺八幡山古墳は、井辺前山古墳群のなかでもっとも大きな前方後円墳である。調査は森浩一の指導下、本墳の墳丘測量図の作成と東・西造り出し部の発掘調査がおこなわれた。墳丘測量の結果、古墳は三段に築かれ、その全長は約八八メートル、後円部の直径は約四五メートル、発達した前方部の幅は約五七メートルであることがわかった。墳丘の調査では葺石はみつからなかったが、三列の円筒埴輪列が確認された。埋葬施設は、後円部のなかに構築された横穴式石室であると考えられるが、未確認である。

造り出しの埴輪

発掘がおこなわれた東造り出し部では、円筒埴輪で「コ」の字形に囲われた区画の内部に、形象埴輪や須恵器が配列されていた。その東南部には二列の円筒埴輪棺がみつかったが、これらは排水用に埋設されたものと推定された。形象埴輪には人物や盾形、家形、馬形、猪（豚）形、蓋《きぬがさ》形などがあり、特徴的なものには双脚輪

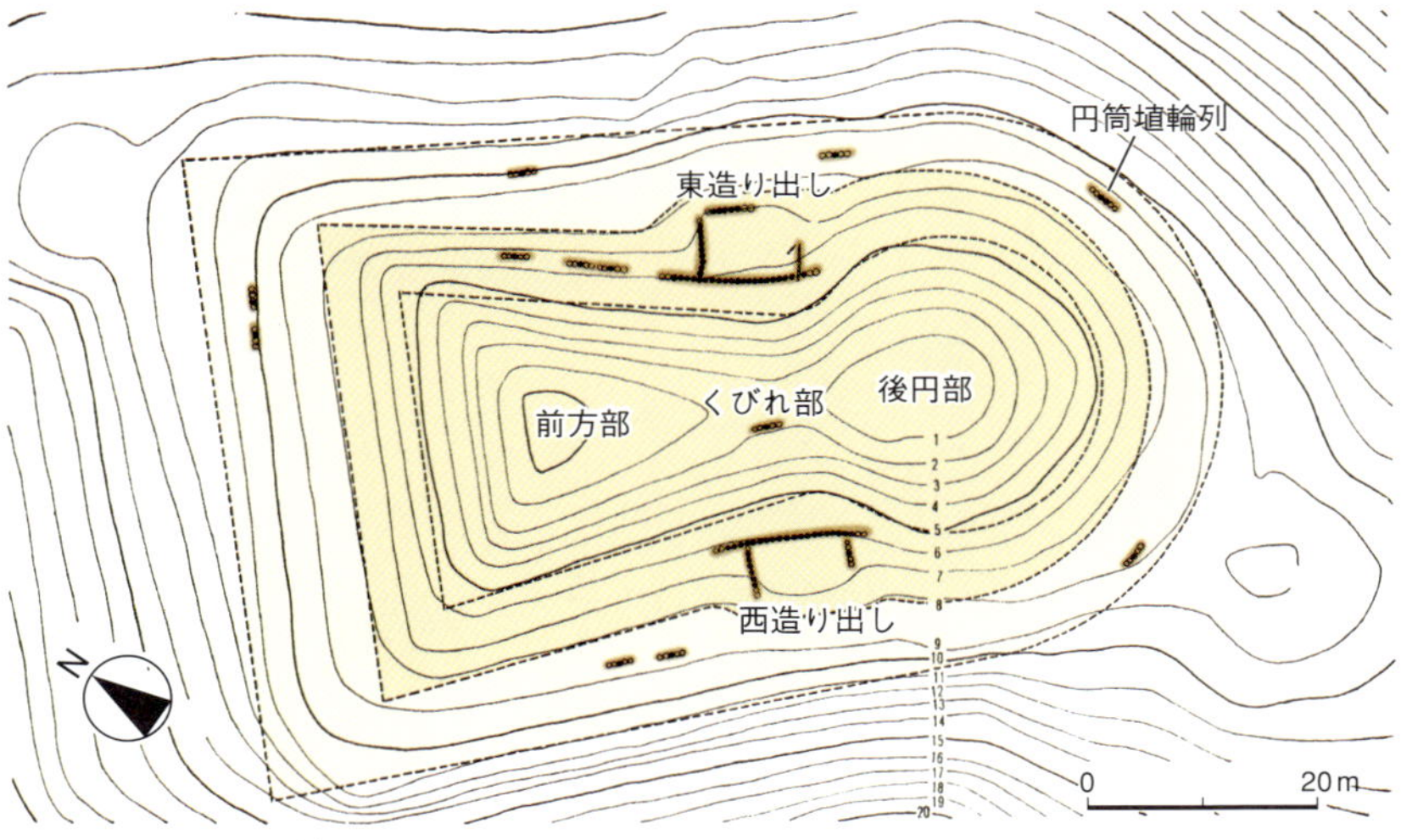

図15 ● 井辺八幡山古墳
盾形の基壇上に、二段築成の前方後円墳がのる。調査では東西の造り出しから多量の埴輪が出土した。

状紋埴輪があった。須恵器では大甕や器台、台付壺、高坏《たかつき》などがあった。また、西造り出し部の発掘でも、東造り出し部と同様、円筒埴輪で「コ」の字形に囲われた区画の内部に、形象埴輪や須恵器が配列されていた（図16）。形象埴輪には人物や盾形、家形、鳥形、馬形、蓋形などがあり、須恵器では大甕がみられた。果樹園の開墾などで埴輪や須恵器などは細片になっていたが、出土品の総量はトラック二台分になったという。

これらの出土品は、同志社大学の考古学実習室で整理と復元作業がおこなわれたが、要した延日数は三五四日（延一四四〇人）に達した。これらの作業を通じて埴輪では、「男子力士立像」（図17左）や、「馬の側におかれた男子立像」、「角杯を背おった男子立像」「挂甲を着用し弓をもった男子像」「入母屋造り家」「馬」「盾形埴輪」「双脚輪状紋形埴輪」など、当初の形がうかがえるまでに復元された。同様に須恵器では、大甕や高坏、坏身はもとより、装飾

図16●井辺八幡山古墳の西造り出しとくびれ部の埴輪・須恵器の配置状況
円筒埴輪列と並行して形象埴輪や須恵器大甕が配置されている。

付器台や装飾をつけた有脚耳坏《じはい》（図17右）など、特徴的なものが復元された。東・西造り出し部の発掘調査は、その後の各地で発掘された埴輪配列を考えるうえで重要な基準資料となった。

このように、岩橋千塚古墳群は四世紀末ごろから七世紀にかけて、首長墓をつくる場所を移動しながらつくりつづけられたと考えられる。紀の川下流域には各時代の遺跡が密集するが、弥生時代から古墳時代にかけて急速に発展することがわかってきた。また、和歌山市にある大谷古墳から出土した馬の冑《かぶと》・甲《よろい》や車駕之古址古墳から出土した金製勾玉、有田市にある椒《はじかみ》古墳から出土した蒙古鉢形冑など、大陸や朝鮮半島との関係をうかがわせる出土遺物も多い。

本古墳群は、畿内政権と大陸・朝鮮半島との間にあり、前方後円墳や帆立貝形古墳、大型円墳、大型方墳と、古墳の形を時代の変化に歩調を合わせながら埋葬されていった歴代の首長と、それを支えた人びとが葬られた大多数の円墳などで形づくられた一大古墳群であろう。

（米田文孝）

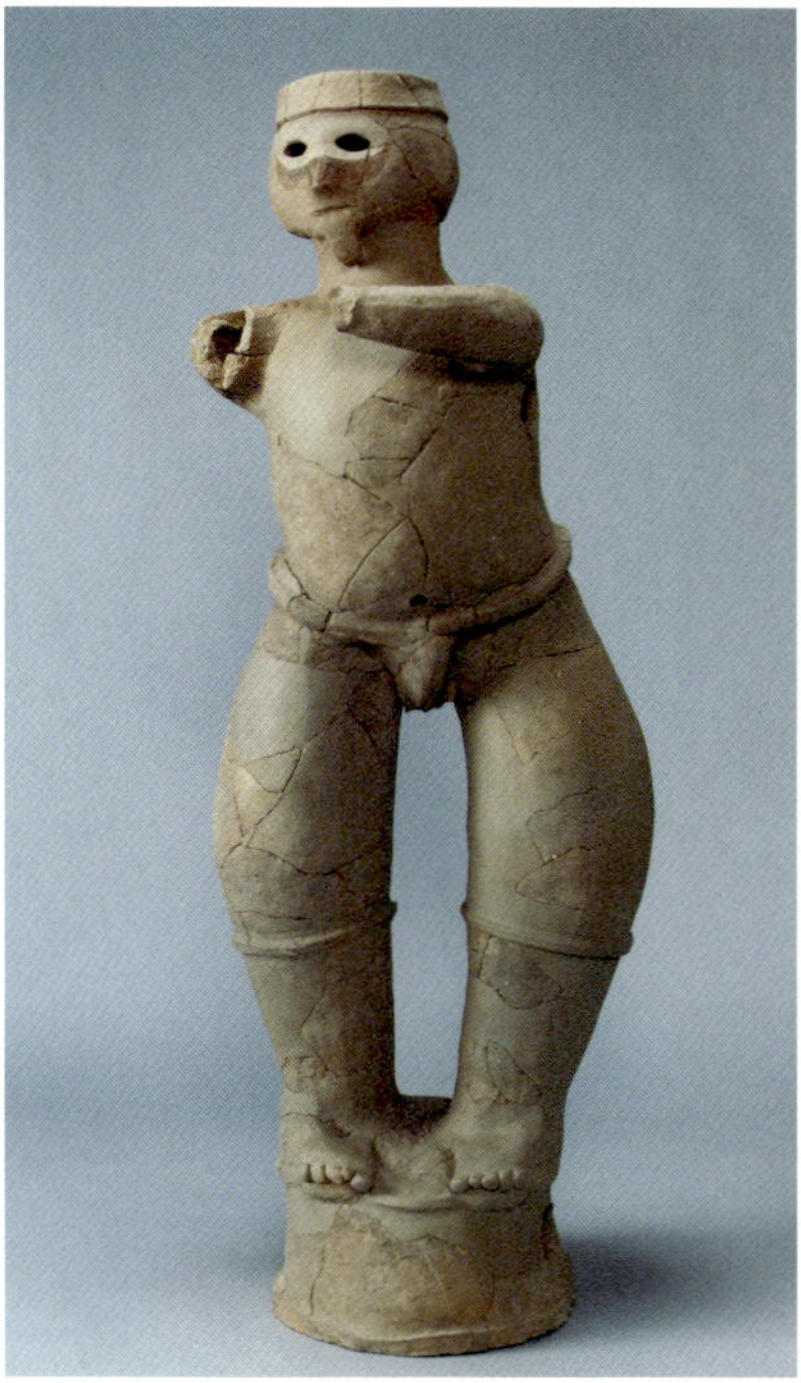

図17 ● 井辺八幡山古墳の西造り出し出土の男子力士立像埴輪（左）と有脚耳坏（右）
力士は四股（しこ）を踏み、地鎮めをする役割から脚部が強調されている。
須恵器の耳坏には水鳥をあしらっている。

第3章　独特な埴輪の出土

1　大日山三五号墳の調査の開始

独特な埴輪がつぎつぎと出土

岩橋千塚の総合調査の後、一九七一年に県立紀伊風土記の丘が設立された。岩橋千塚の中心部は保存・公開され、麓に建てられた資料館は主に展示と体験学習に重点をおいた施設として活動した。遺跡をめぐる情勢が好転したこともあり、しばらく調査研究は下火となった。

二〇〇三年、県は古墳群の保存整備事業を開始し、その中心事業として特別史跡地内にあった首長墓である大日山《だいにちやま》三五号墳の発掘調査をおこなうこととなった。調査は県の教育委員会と紀伊風土記の丘が主体となり、和歌山県文化財センターが支援にまわった。

大日山三五号墳は六世紀第2四半期に築かれた墳長八六メートルの前方後円墳である（図18）。前方部がもっとも発達する段階の古墳で、墳丘の下には総長一〇五メートルの盾形基壇がまわ

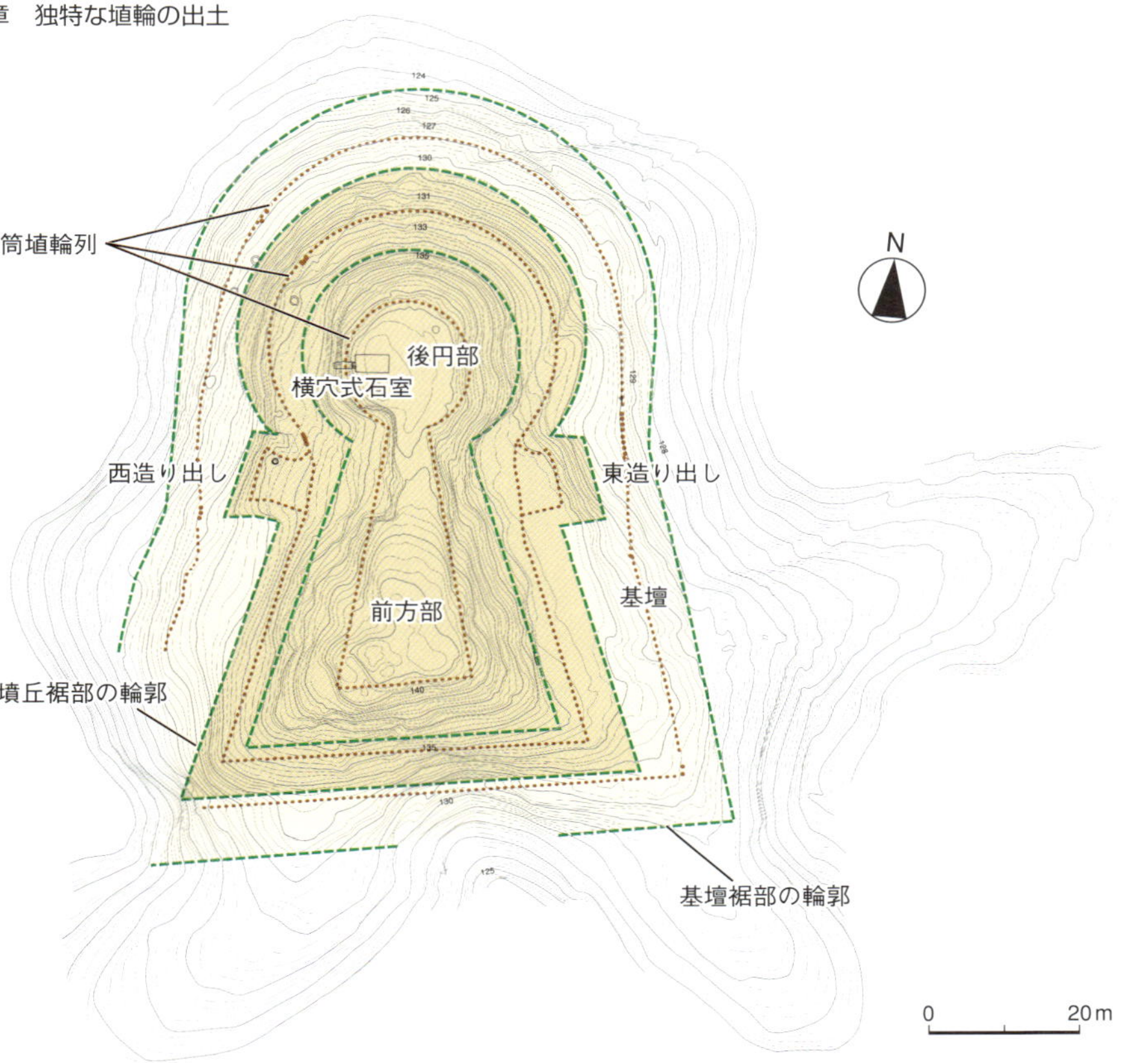

図 18 ● 大日山 35 号墳
紀伊風土記の丘の園路のある東側から尾根筋を歩いていくと、大日山の墳丘がみえる。左側が前方部、右側が後円部で、中央手前が東造り出しにあたる。

る。後円部には石棚と水平な石梁をもった西向きの岩橋型横穴式石室を構築している。東西に造り出しとよばれる舞台状の施設があり、形象埴輪と須恵器大甕等を据えつけた一辺七〜八メートルの空間が設けられていた（図19上・20）。

大日山三五号墳の調査では、独特な形の形象埴輪がつぎつぎと出

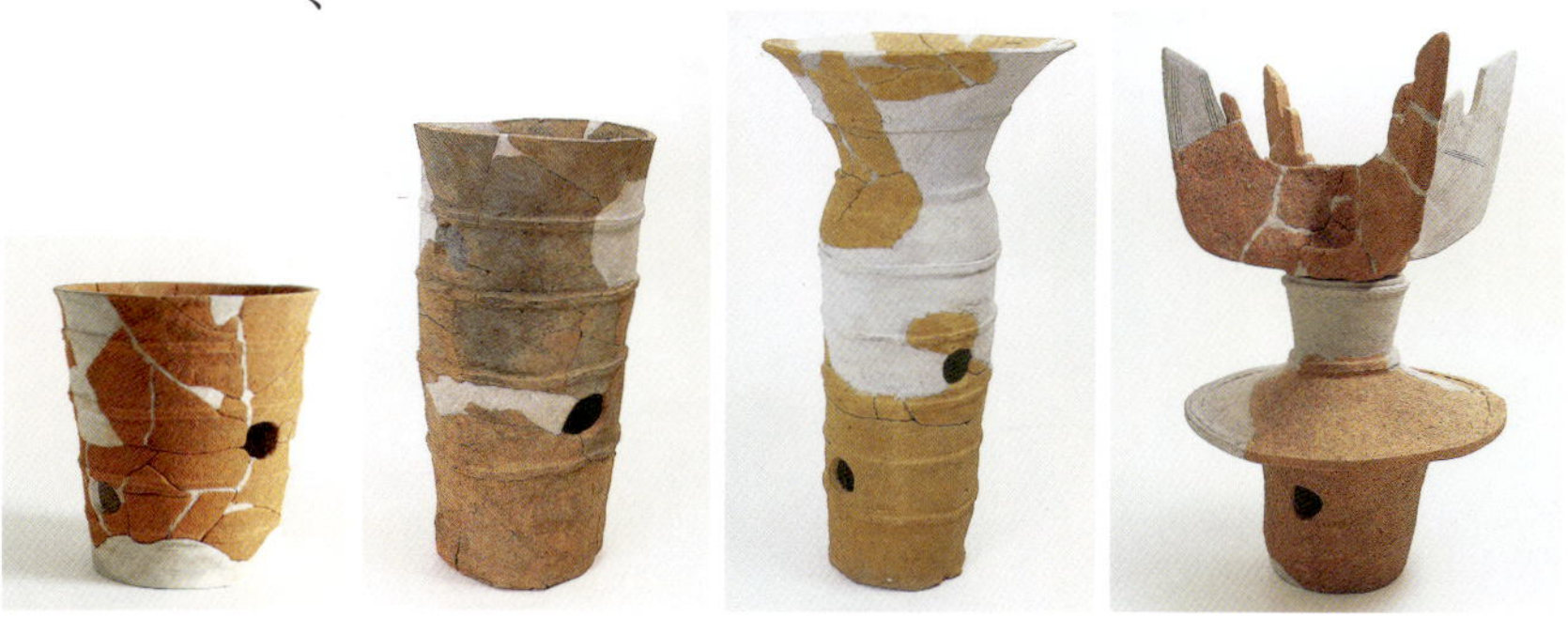

円筒埴輪（1）　円筒埴輪（2）　朝顔形埴輪　蓋形埴輪

図19 ● 大日山35号墳の東造り出し（上）**とその復元**（中）**および円筒埴輪等**（下）
（上）は埴輪・須恵器の出土状況で、（中）はその一部を復元した状況。円筒埴輪は河内一浩が紀伊型（のちに環畿内南部型）とよんだタイプの円筒埴輪（1）と畿内型円筒埴輪（2）に分かれる。朝顔形埴輪と蓋形埴輪は朝顔形埴輪を含んだ円筒埴輪列を形成していたと推定される。

土した。二〇〇三年の東造り出しの調査は藤井幸司が担当し、翼を広げて飛んでいる姿の鳥形埴輪のほか盛装男子・力士・巫女《みこ》といった人物埴輪、馬・牛・猪・犬・水鳥といった動物埴輪、靫《ゆき》・大刀《たち》といった器財埴輪、家形埴輪などが出土した（図21）。

西造り出しの調査

二〇〇五年の冬。私は発掘調査担当者として大日山三五号墳の西造り出しで作業をつづけていた。眼下に和歌山平野と日前宮、海の向こうには淡路島や四国がみえる。

現場ではおびただしい数の埴輪片が出土した。円筒埴輪は形や外面調整痕などで、紀伊型と畿内型の二種類に分けられた。そのほかに外面ハケメ調整痕のない厚手の破片があり、朝顔形埴輪の破片と認識した。墳丘をめぐる円筒埴輪列では一一本に一本、造り出しを

図20 ● **大日山35号墳の西造り出し**
西造り出しの向こうには和歌山平野が広がる。中央右の四角い社叢が日前宮。奥の山並みは淡路島。

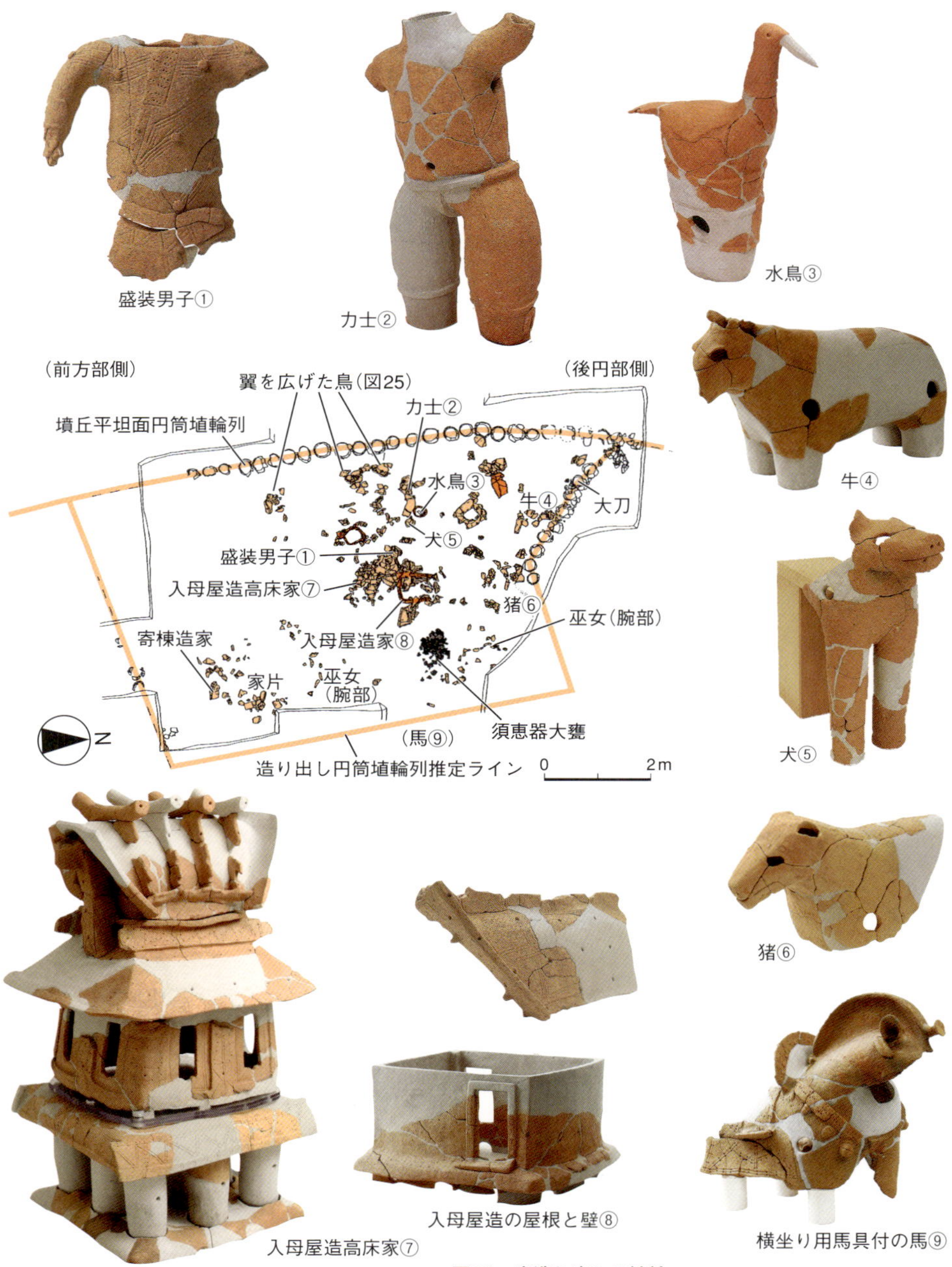

図21 ● 東造り出しの埴輪
東造り出しからは、大型の家を中心に翼を広げた鳥などの動物埴輪が多数出土している。

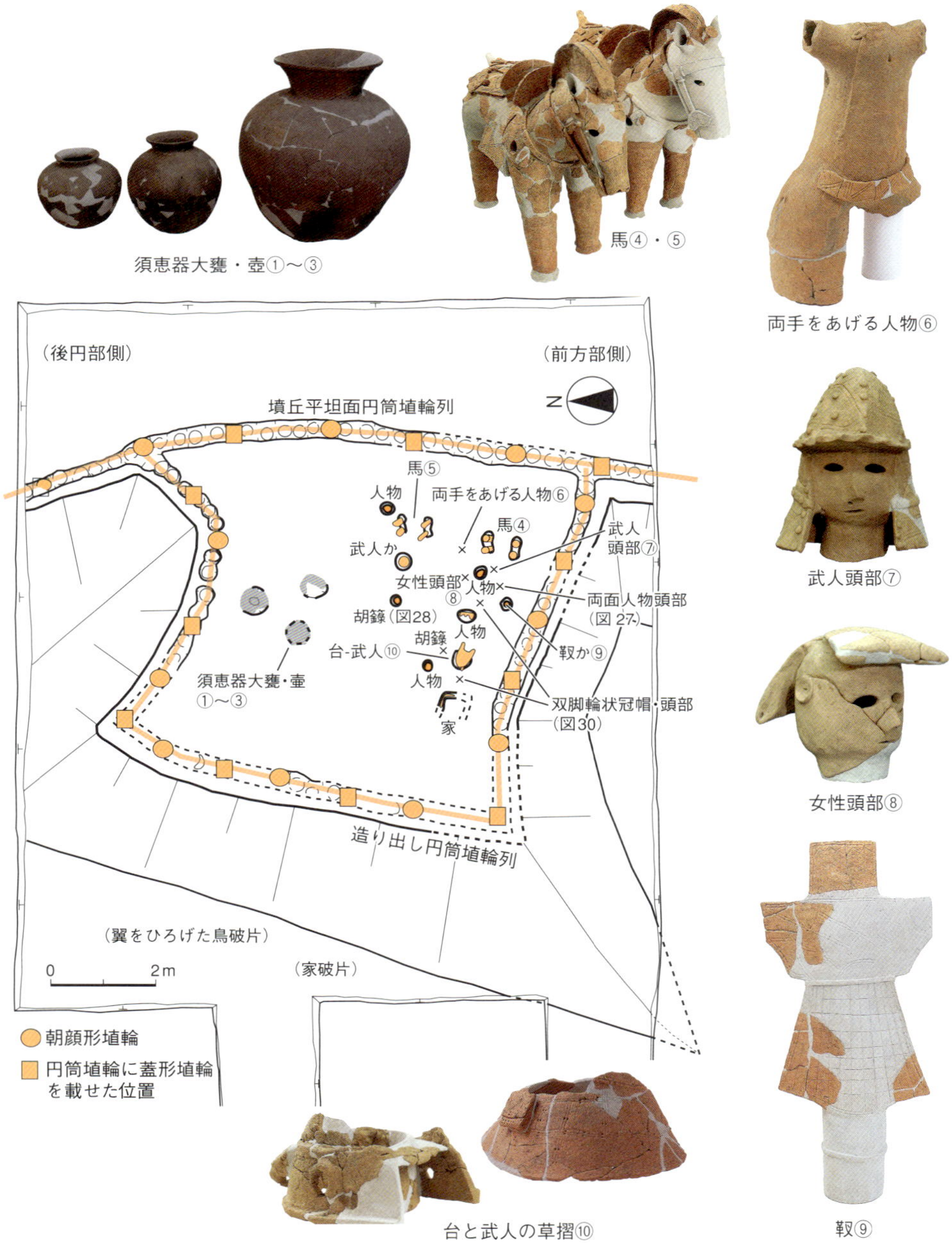

図22 ● 西造り出しの埴輪
西造り出しからは両面人物・双脚輪状冠帽をかぶった人物・胡籙のほか翼を広げた鳥の破片が出土しており、めずらしい埴輪がそろっている。

とり囲む埴輪列では七本に一本がこの特徴をもっているようだった。

また、蓋《きぬがさ》形埴輪は、ほかの形象埴輪と違って円筒埴輪列沿いに横倒しになっているようだった。円筒埴輪列の中には、蓋形埴輪をのせることが可能な少し頑丈な個体があり、大日山三五号墳では蓋形埴輪をのせた円筒埴輪と朝顔形埴輪を規則的に配置した円筒埴輪列がめぐっていたものと推測された。円筒埴輪列は墳丘二段分と基壇《きだん》・造り出しの上面をまわり、総数約一八〇〇本が並んでいたのだろう。

西造り出しの埴輪と須恵器の配置状況

西造り出しの上面は前方部寄りで岩盤、中央部で従来の山の土、先端部は盛土となっており、その上に薄く盛土をかぶせて微調整されていた。上面の覆土を丁寧にはずすと、埴輪据え付け穴がぼんやりと浮かび上がり、その中を掘ると形象埴輪の基部がいくつかみつかった。馬形埴輪の蹄《ひづめ》や家形埴輪の基部は欠けたまま穴の中に据え付けられており、急ピッチで祭礼当日の舞台を整えたという印象が強い。

図23 ● 西造り出しの形象埴輪出土状況
馬形埴輪の手前に、人物埴輪の頭部や胴部が出土している。

南半は形象埴輪配置ゾーンとなっていた。飾り馬が二頭前後に並び、一頭目の斜め前には埴輪を据え付けていた穴があいている。おそらく馬をひく人の埴輪があったのだろう。人物埴輪は武人と女性・双脚輪状冠帽《そうきゃくりんじょうかんぼう》をかぶる人物が複数出土している。胡籙《ころく》と靫もあり、その間からは両面人物埴輪の頭部が出土している。向かい合う人物埴輪の基部もあり、一方は特殊な台に草摺《くさずり》が斜めに載せられている。井辺八幡山古墳でも同じ埴輪が出土しているが、これは跪座《きざ》像（ひざまずく人物像）の可能性があるだろう。家形埴輪は造り出しの南西部と西斜面下から出土しており、翼を広げた鳥形埴輪片も西斜面の下に散乱していた（図22・23）。

これに対して、造り出し北半の中央は須恵器配置ゾーンとなっている。微妙な窪みに須恵器の大甕と大壺を据え、周囲に礫《れき》混じりの土を少し盛って、倒れない程度に固定している（図24）。

造り出し北東部には原位置をとどめる埴輪・須恵器が一切ないスペースがあり、儀礼用の空間か、有機質の物が置かれた空間があったものと推定される。

また、造り出し上には微妙な窪みがいくつかあり、須恵器の高坏《たかつき》・坏・壺甕類や土師器の高坏等の破片が出土した。まるでお供え物をするかのように土器を置き、まわりに軽く土をかぶせて固定した状況がうかがわれた。

図24 ● 西造り出しの須恵器大甕・壺
原位置を保った状態で出土している。

2　ぞくぞくとみつかる日本初例の形象埴輪

翼を広げた鳥形埴輪

「飛ぶ鳥の…」といえば「アスカ」の枕詞であるが、埴輪で飛ぶ鳥といえば大日山三五号墳の代名詞だ。この鳥形埴輪発見のニュースは、全国の埴輪研究者に衝撃を与えるとともに、その愛らしい姿で見る者を虜《とりこ》にした。鳥が飛ぶなんて当たり前だと思われるかもしれないが、これまでみつかった埴輪の鳥は、すべて羽を閉じた姿で表現されていた。

発掘調査では、はじめに頭がみつかり、カメではないかとも言われていた。ところが埴輪の破片を接合していくと、カメのような頭の生物に羽が付いたのだ。その後、同様の破片を検討し、結局、東造り出しで三羽、西造り出しでも一羽分の飛ぶ鳥の埴輪片が確認された。

この埴輪は全国唯一の例として有名だが、実はもう一カ所同じ鳥とみられ

図25 ● 翼を広げた鳥形埴輪
クチバシはとがり、翼をひろげて滑空する姿を造形しており、タカなどの猛禽類の特徴を備えている。近年、台円筒部分が接合・復元された。

る埴輪片が出土した古墳がある。隣の山の山頂にある大谷山二二号墳である。一九六六年に調査された埴輪の箱の中を再調査していたときに、翼とみられる埴輪をみつけたのだ（**図26左**）。

岩橋山塊にあるもう一つの同時期の大型前方後円墳・井辺八幡山古墳では、飛ぶ鳥の埴輪は出土していないが、同じ顔をした小型の鳥形埴輪片が出土している（**図26右**）。鷹狩《たかがり》をする人物埴輪の腕にとまる鷹形の部分だ。頭の形は大日山三五号墳出土の鳥とそっくりである。つまり、翼を広げた鳥形埴輪は鷹の埴輪なのだろう。

『日本書紀』仁徳《にんとく》天皇四三年秋九月条には、百済で「倶知《くち》」とよばれ、狩に使われた鷹の話が出てくる。渡来した最先端の狩猟技術を象徴する動物埴輪として、この埴輪はつくられたのであろう。この鳥は丸い胴体と頭部をもち、クチバシが太く、両翼を横に広げて滑空する姿勢を示している。

同様の形態の木製品が奈良県高取町の市尾墓山《いちおはかやま》古墳や大和郡山市の水晶塚《すいしょうづか》古墳などで出土しており、翼を閉じた鷹形埴輪は群馬県でも出土している。鷹狩りを表現する埴輪は、意外とバリエーションに富んでいるようだ。

図26 ● **翼と鳥形の埴輪片**
大谷山22号墳では、大日山35号墳とそっくりな翼状の埴輪片が出土している（左）。井辺八幡山古墳では鳥形の埴輪片（右）があり、人物埴輪の腕にとまっていた鷹形の部分とみられる。

両面人物埴輪の発見

両面人物埴輪は、西造り出しに破片で散乱していた。前と後ろで異なる顔で、両方の顔の中間を真っすぐに下がる美豆良《みずら》があり、髪形から性別が男性であることはわかる。しかし、この埴輪が何をあらわしているのか、今のところ通説はない。古墳時代の両面の人物といえば、『日本書紀』仁徳天皇六五年条に胴体が一つで二つの顔をもつという飛驒の英雄(怪人?)、両面宿儺《すくな》の記述があるが、紀伊で埴輪としてつくられる理由がない。どちらかといえば、飛鳥の二面石や猿石、筑紫の岩戸山《いわとやま》古墳の顔付き靫形石造物のような、二つの面に造形が施された石造物に近い。

片方の面は目が大きく口はやや開いており、頬《ほお》に矢羽根《やばね》状の線刻が施されている。額にはいわゆる胸《むな》形《かた》紋とみられる線刻があり、刺青《いれずみ》か朱塗りで顔に描かれた紋様の表現であろう。もう一面はやや吊り目で、口の上方に切れ込みを入れ、いわゆる三ツ口を

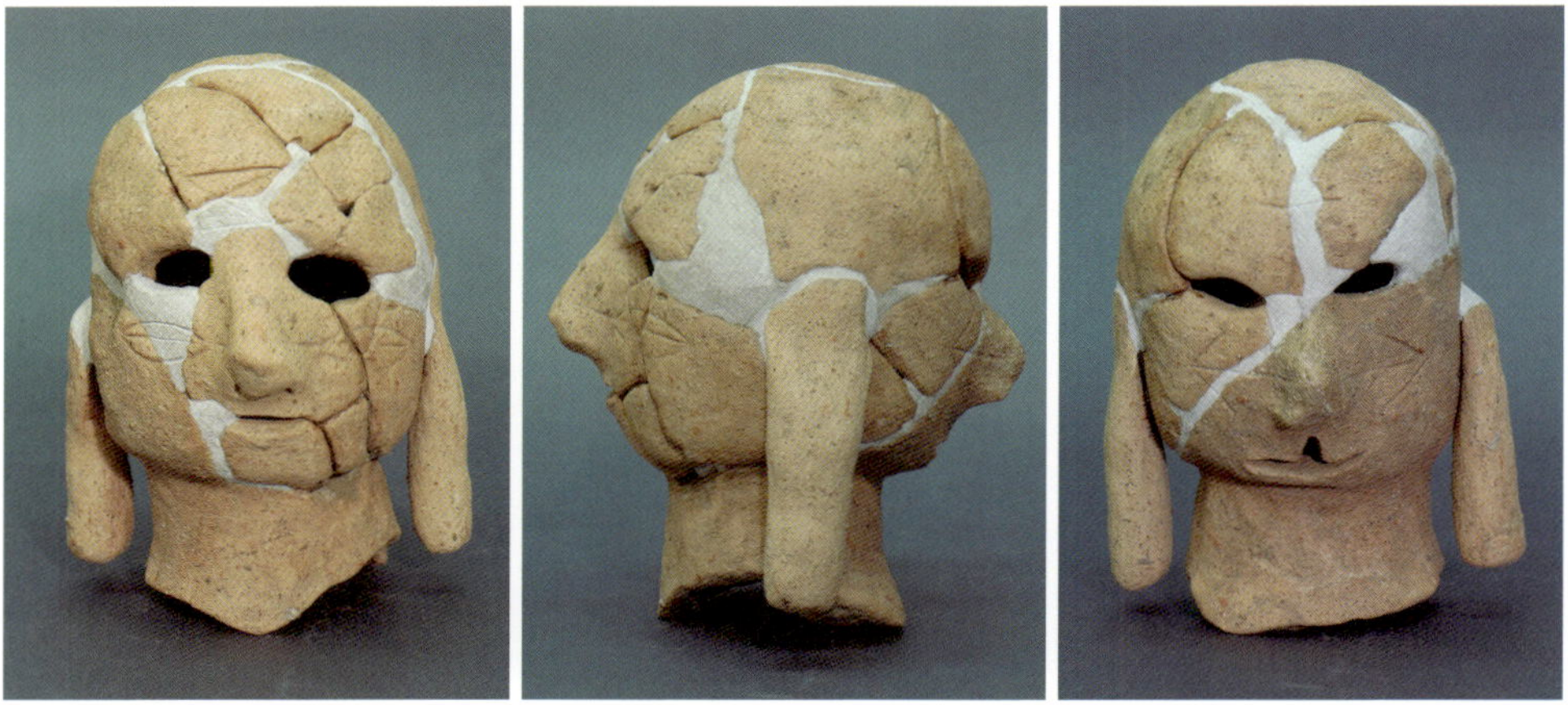

図27 ● 両面人物埴輪
謎の人物埴輪として知られる。首から下の破片がみつからなかったことも、想像力をかきたてる。頬の線刻は、矢羽根状と片逆刺のついた鏃の表現となっている。

表現しているようである。古代には特別な霊力を宿した者として扱われたようで、盾持ち人などにその姿がみられる。額には横一文字の線刻、頬には儀仗色の強い独立片逆刺鏃《どくりつかたがえしぞく》の表現を線刻している。矢の線刻表現は盾持ち人にしばしば見られるものであるが、各面の頬に表現された矢羽根と矢尻（鏃）の表現をよくみると、後述する胡籙形埴輪の矢羽根と靫形埴輪の矢尻の表現と一致していることがわかる。出土地点も近く、これらは一群の埴輪としてつくられているとみてよいだろう。

両面人物埴輪の体部は残念ながら、みつからなかった。しかし、両面とも正面となることから、靫を背負う表現はありえず、右腰に胡籙を装着する姿も適していない。線刻で特別な霊力を表現し、両面とも正面性の強い性格から、現状では両面埴輪は盾持ち人の埴輪である可能性が高いと考えておきたい。

胡籙形埴輪の発見と類例調査

矢を入れる武具には背負うタイプの靫と、腰に装着するタイプの胡籙の二種がある。このうち形象埴輪として全国的に出土するのは靫であり、胡籙の形象埴輪は存在しないといわれていた。

胡籙は馬に騎乗した人が短い矢を装備する際に便利な武具である。一説に高句麗《こうくり》で出現し、五世紀頃日本に伝わったとされ、矢羽根を上に向けて入れるのが特徴である。革《かわ》製・木製・蔓《つる》製といった有機質のものでつくられており、遺跡からは普通、飾り金具しか出土しない。今回埴輪が出土したことで、有機質の部分の形状が明確となった。やわらかな曲線を描く形状から、おそらく革製品ではなかろうか。

この胡籙形埴輪が出土してから一年半後の二〇〇八年八月に、飛ぶ鳥と両面人物埴輪につづく第三弾の日本初例の埴輪として記者発表し、特別展示をおこなった。新聞に掲載された写真をみて、旧知の陶芸家・赤坂宏《あかさかひろし》さんが訪ねてきてくれた。その手に持っていたのは、なんと紀伊風土記の丘が建設される前に採集された胡籙形埴輪の破片であった。出土地点は大日山ではなく、造り出し付き円墳の可能性を考えていた前山B一六四号墳と考えられた。

ほかにも、もう一点気になる埴輪があった。岩橋千塚総合調査の報告書に掲載されている大谷山二二号墳出土「不明埴輪片」である。和歌山市在住の埴輪研究者である藤藪勝則さんを誘って和歌山市

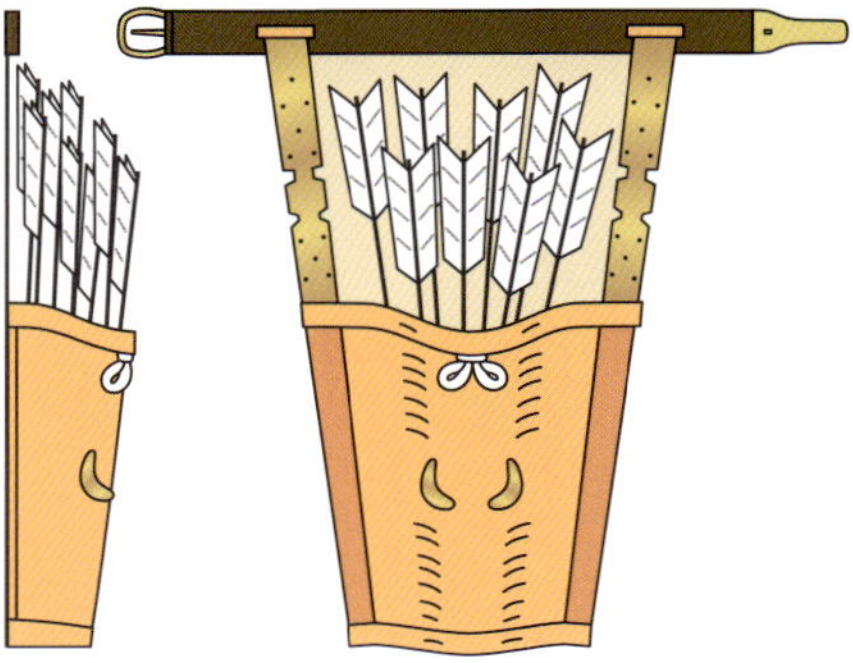

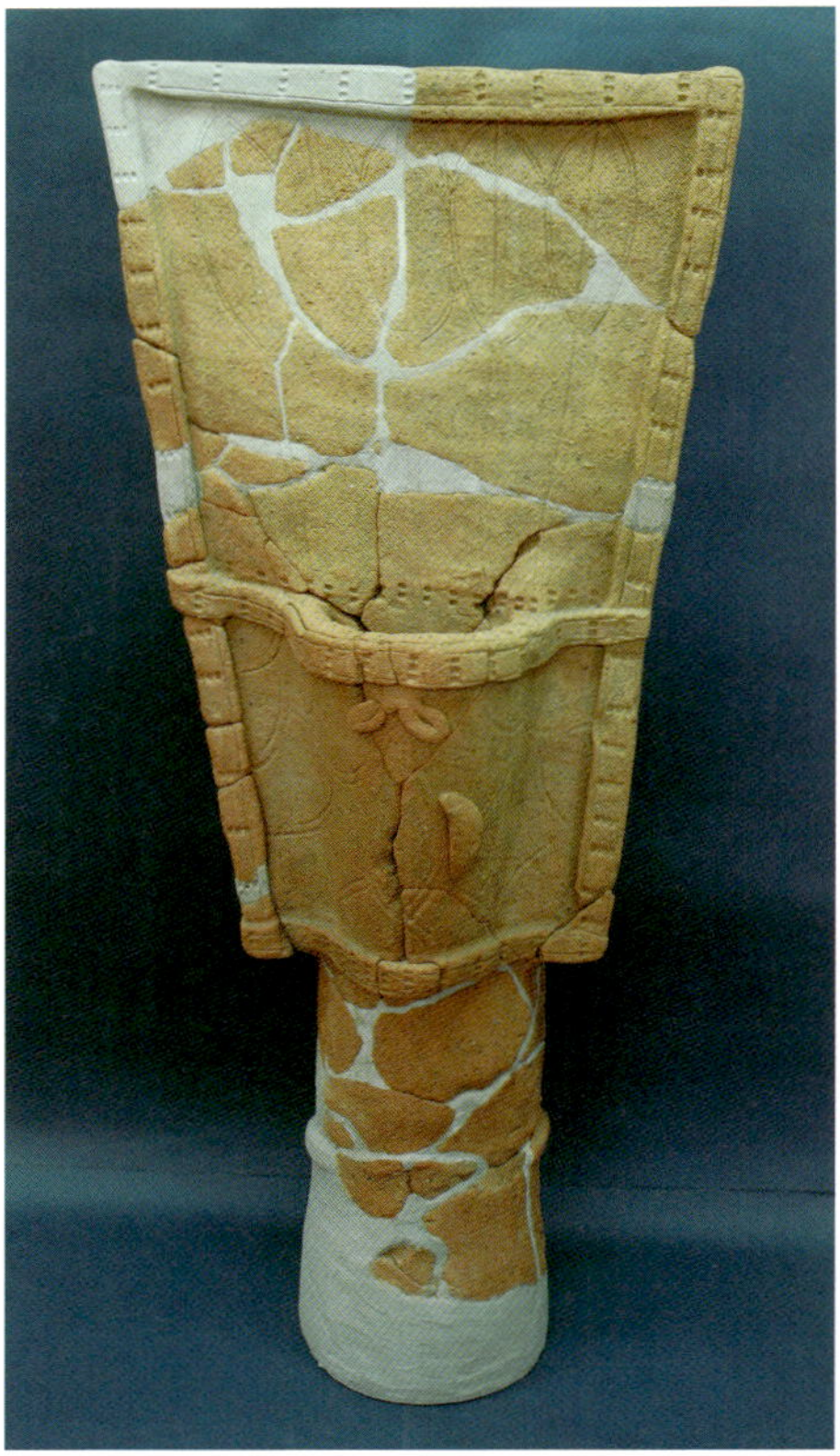

図28 ● 胡籙形埴輪（右）**と装着例模式図**（左）
胡籙形埴輪は筒状の部分に矢を5本入れ、革帯をめぐらせた形で造形されている。遺跡からは胡籙の飾り金具しか出土しないため、実物の形を知るうえで貴重な資料となった。

の収蔵庫で埴輪を探したところ、胡籙形埴輪の破片と特定することができた（図29）。大日山三五号墳の埴輪と基本的に同じであるが、装飾性は低く、より実物資料に近い観がある。また、このすぐ後にも、紀の川北岸の平井埴輪窯跡群の調査にあたっていた同僚に、胡籙形埴輪の破片が出たから見に来てよと連絡を受け、現場を見に行った。

結局、胡籙形埴輪は四遺跡八個体分の出土が確認できたが、井辺八幡山古墳や群馬県藤岡市の上落合《かみおちあい》出土資料、神田《じんだ》・三本木《さんぼぎ》古墳群Ａ地点で出土している形象埴輪としてはやや小さい埴輪片も、胡籙形埴輪の可能性があり注意が必要である。胡籙形埴輪は大日山三五号墳だけではなく、六世紀前半の紀伊を中心に、関東地方にも若干分布する可能性がある。

双脚輪状の冠帽をかぶる人物埴輪

大日山三五号墳の発掘以前から、岩橋千塚を中心に出土する埴輪で、謎の埴輪として扱われてきた埴輪もある。双脚輪状紋形埴輪とよばれるこの変わった形の埴輪は、貴人に差し掛ける翳《さしば》とする説や貝殻紋様の埴輪とする説、貴人の帽子とする説等があり論争がおこなわれてきた。この論争に終止符を打つ埴輪が大日山三五号墳出土の双脚輪状紋形の冠帽をかぶる人物埴輪である。

この人物埴輪は頭部しか出土しなかったが、連弧状の鍔《つば》を水平

図29 ● 新たに発見した胡籙形埴輪片
大谷山22号墳で出土した胡籙形埴輪片。大日山35号墳の埴輪は、大谷山22号墳や井辺八幡山古墳で出土していた不明埴輪の再検討を促すことにもつながった。

にし、双脚部は後頭部に向けてサンバイザーやシャンプーハットのようにかぶる。関東地方で若松良一《よしかず》が認識した大日山三五号墳とやや違うタイプの双脚輪状冠帽をかぶる人物埴輪の場合も、同様の向きでかぶっている。

　この冠帽は鍔だけで、横から見ると何かわからないことから、特徴を見やすいように立てて形象埴輪化したのだろう。その際、関東地方では双脚部を下に向けて形象埴輪としており、冠帽の形はバラエティに富んでいる。

　紀伊地域では双脚部を横に向けて形象埴輪としており、冠帽の鍔の形は連弧状である。瀬戸内地域では連弧状が多く、同様に双脚部を横に向けるが、両面に線刻されている点が興味深い。北部九州の筑肥《ちくひ》地域では装飾古墳壁画に円形・連弧鍔の両方が描かれているが、双脚部の向きはバラバラである。

　朝鮮半島では双脚部の有無は不明であるが、円形鍔の樹皮製冠帽とみられる製品が知られている。畿内地域では出土事例が少なく、まとまりがない。形象埴輪のほかに木製品が出土している。

図30 ● 双脚輪状紋形の冠帽を装着した人物埴輪
何の埴輪か不明だった双脚輪状紋形埴輪を冠帽としてかぶる人物の埴輪。双脚部を後ろに向けて、頭にかぶっている。

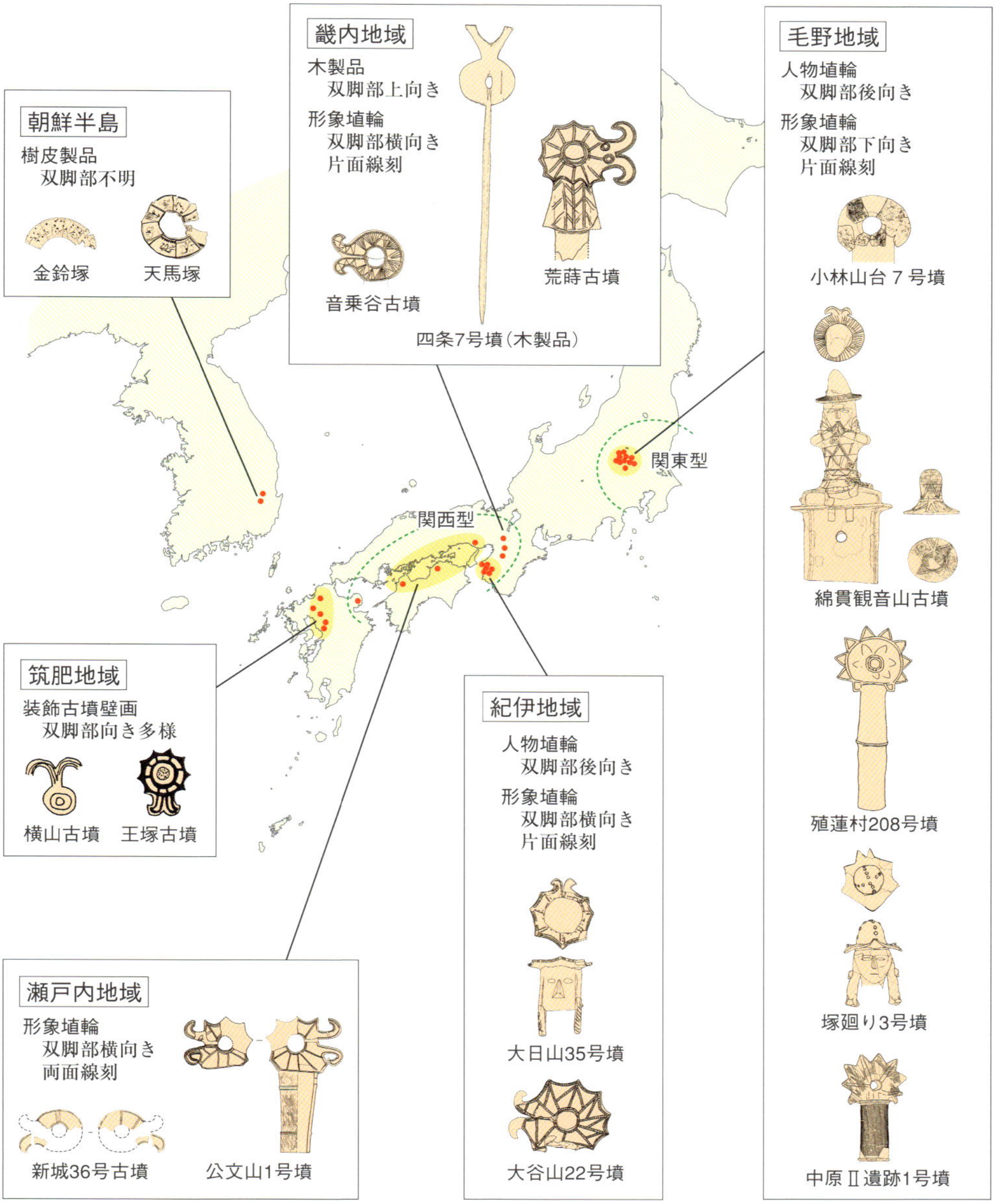

図31 ● 双脚輪状冠帽の分布
地域により多様な表現方法をとるが、この特殊な形状の冠帽は、古墳において表現する必要のある重要な物品であったようだ。

大日山三五号墳の埴輪の特徴

大日山三五号墳では双脚輪状冠帽をかぶった人物のほか、鷹形、両面人物、胡籙形の埴輪がみつかった。ほかの古墳で形象埴輪としてつくられているものが人物埴輪の一部として表現されたり、ほかの古墳で人物埴輪の部品として付いているものが、単独の器財埴輪や動物埴輪としてつくられている。このような埴輪は大谷山二二号墳をはじめとする岩橋山塊の古墳に若干の類例があり、六世紀前半に岩橋千塚を中心に成立したようだ。

これまで、埴輪は畿内の大王陵のものを手本として地方に伝播する図式で考えられてきたが、六世紀前半頃には各地で創出され独自の展開をみせる埴輪もあったのではないだろうか。この時期は近江・越前地域の新興勢力である継体《けいたい》大王が畿内に入る前後にあたる。

岩橋千塚でみられる渡来系文物の形象埴輪化は畿内を経由せずに、北部九州や紀伊、関東の毛野《けの》といった朝鮮半島と直接つながりをもった有力地域で進行した側面もうかがえ、各地域勢力の動向を反映しているものとみられる。

このように独特な埴輪がつくられた紀伊・関東の例や、埴輪のかわりに石造物や絵画を用いた北部九州など造形方法には幅があるが、一方で古墳上に表現された群像の主題は共通性が高く、注目される。群像の主題は中央から押しつけられたものではなく、全国的に同じ社会的背景をもって広く浸透した価値観があり、それを反映した首長墓にふさわしい儀礼の場が埴輪などで整えられていたことが理解できるだろう。

（丹野　拓）

第4章　紀直がつくった岩橋千塚古墳群

1　古墳群の再踏査

まず、全体像がわからない

岩橋千塚はあまりにも広大で、全体像がつかめない。通常、首長墓と群集墳は別の場所に築かれるのだが、この古墳群の場合は約三〇基の前方後円墳のまわりに七〇〇〜八〇〇基といわれる円墳が群集している。北のほうに古い古墳が多く、南のほうに新しい古墳が多い傾向はあるが、例外も多い。いったい岩橋千塚とはどういう古墳群なのだろうか。

二〇〇六年、特別史跡地内には古墳が約四三〇基あるとされていたが、丘陵の藪の中にある隆起が何号墳なのか不明なものも多く、時間をみつけては特定作業をつづけていた。

古墳群整備のための埋め戻しが計画されている前山A地区には、衝角付冑《しょうかくつきかぶと》が出土した方墳が一基だけある。しかし、ほかにも方墳らしき古墳があるので検討してみてほしいという引継ぎを受け、確認に向かった。現地に行ってみると、確かに墳丘が四角くみえる古墳がある。竪穴式石室や箱式石棺を主体部とする古墳のなかに、石室をひとまわり大きくした形の方墳がいくつかあるようだった。何度か見て回るうちに、横穴式石室を主体部とする古墳のなかにも同様の方墳があるほか、主稜線を越えた南端に、一基だけ終末期の方墳があることに気づいた。

前山A地区は円墳の多い典型的な群集墳とするには何かおかしい。休日に丘陵を歩く日々が始まった。

つぎつぎとみつかる帆立貝形古墳

前山A地区から前山B地区・大日山地区にかけての丘陵北斜面部は、四〇〇基を超す円墳の群在する地区として有名であったが、丹念に調べていくと、そのなかには円墳とは思えない古墳が混じっていた。岩橋前山A一一四号墳は前方後円墳、岩橋前山A五八・九三、B一〇九・一一七号墳は帆立貝形古墳ではないか。

この三つの地区には多数の首長層の古墳が混在していることがわかってきたが、典型的な群集墳が展開する大日山・前山B地区の首長墓は従来の説とは違い築造年代の幅が小さく、前山A地区の首長墓は墳形が多様で年代幅が大きいようだった。

そんな状況のなか、二〇〇七年四月、古墳群の整備のための調査体制が変わり、測量の得意な岩井顕彦との二人体制となったので、さっそく年間スケジュールのなかに、新たに発見したものを含む三基の帆立貝形古墳の測量を追加することにした。

一基目として、大日山一号墳の再測量をした。墳長は三一・五メートルで、墳丘が卵形の基壇状の高まりの上に築かれている。五世紀の前方後円墳とされてきた古墳であるが、表採した埴輪には大刀形埴輪片や断続ナデ技法という古墳時代後期に流行する技法を用いた円筒埴輪が含まれていた。古墳は円丘部が高く、発達した岩橋型横穴式石室を主体部とすることが予測できる。これらのことから、この古墳は従来考えられていたより一〇〇年近く新しい六世紀前半の帆立貝形古墳として資料化をはかった。

二基目に測量対象とした古墳は、前山B一一七号墳である（**図32**）。この古墳は岩橋山塊の主稜線を外れた緩斜面の藪のなかに埋もれ、二基の近接した円墳とされていた。樹木の伐採と草刈りをおこない、厚く堆積した落ち葉を強力な送風機で飛ばしていくと、誰も文句のつけようがない帆立貝形の墳丘があらわれた。墳長は約二〇メートルと小さいが、盾形の周溝がめぐっている。円丘部には両袖傾向の強い横穴式石室があり、方形部上には埴輪と須恵器大甕の破片が散乱している。

この二基の帆立貝形古墳の調査を通して、大日山地区から岩橋前山B地区にかけての範囲には、六世紀第2～3四

図32 ● 前山B 117号墳墳丘
風土記の丘の園内環境を守る作業員さんたちの協力をえて、藪のなかから帆立貝形古墳が姿をあらわした。左側が円丘部で、右側が低平な方形突出部。

半期という限られた時期の首長墓が集中して築かれている状況がわかった。周辺の群集墳も尾根筋を中心に同じ傾向を示しており、特定時期の首長墓と群集墳が展開する地区であることが明確になった。

前山A五八号墳の発掘調査

三基目に測量した古墳は、帆立貝形古墳の前山A五八号墳である。資料館から歩いて五分ほどの位置にあるが、周辺は盗掘が激しく、帆立貝形古墳だと主張しても誰の賛同も得られなかった。この古墳は古い特徴を示す疑似片袖式の横穴式石室があり、埴輪の破片も採集できたことから、看板の設置にあたり古墳の規模・形状の確認調査をおこなう計画をたて、発掘調査をした。この調査では、くびれ部と予測した地点から多量の埴輪が出土して、どうみても単なる円墳ではないことが明白になっていった。

その後の追加調査で、墳長約二〇メートル、後円部径約一四メートル、方形部長約六メートルの帆立貝形の墳丘があらわれた。円丘部の周りには石見《いわみ》型埴輪とよばれる器財埴輪を加えた円筒埴輪列がめぐり、方形部上には人物や馬形の埴輪が樹立されていた。出土した須恵器には二時期のものがあり、私は五世紀末から六世紀初頭頃に古墳が築造され、六世紀前半に追葬がおこなわれたものと推測している。

前山A五八号墳は、大日山地区や前山B地区の帆立貝形古墳よりも一段階古い古墳とみられ、前山A地区は多様な墳形・年代の古墳が展開する独自のエリアという考えを強くした。

2　浮かび上がる四つの古墳群

岩橋山塊の四つの古墳群

岩橋山塊全域を再踏査したことによって、これまで気がつかなかった岩橋千塚の姿がしだいに見えてきた。岩橋千塚には約八五〇基の古墳があり、地形区分からみると一〇地区、築造集団からみると主に四集団の古墳群からなることが考えられた。

五世紀中頃以前に古墳が出現する場所が岩橋山塊には四カ所あり、それぞれが〇・七〜一・九キロ離れている。花山《はなやま》八号墳と前山《まえやま》A六五号墳、井辺前山二四号墳、寺内《てらうち》六三号墳といった初期の首長墓の後につづく古墳を探して各地区を検討してみた。

岩橋山塊に展開する一〇地区の古墳は個性的だ。おおまかには多様な古墳が混在する三地区と、特定の年代の古墳が集中するその他の地区にわかれている。これらを地区別、年代順にまとめると、**図33**のように四つのグループにわかれる。この四つのグループは、それぞれ首長墓を中心に展開しており、別の集団が築いた古墳群だと考えられる。

このうち古墳時代中期前半のもっとも大きい集団の墓域は花山地区にあり、花山八号墳や花山一〇号墳をはじめとする前方後円墳・帆立貝形古墳が多数築かれている。その後、古墳時代中期後半になると、首長墓とみられる古墳の存在ははっきりとせず、集団の動向は少し読みとりづらくなる。

移動する首長墓

しかし、古墳時代後期になると、大型前方後円墳・花山六号墳の築造を境に首長墓の体制が整い、墓域の移動がはじまる。五世紀末の墓域は花山地区から大谷山地区北麓にかけて、六世紀中頃までは岩橋山塊東西主稜線上から北斜面にかけての大谷山・大日山・前山Bと和佐地区、六世紀後葉から七世紀には岩橋山塊の南側の寺内・山東・井辺地区を主要な墓域としている。

花山地区に最初に造営された大首長墓は、時代を追ってその造営地を他の三つの古墳群の間を縦断するように移動し、それにともなう小古墳によって周囲が埋め尽くされていった。最終的にはまるで一つの巨大な古墳群であるかのような状態となっているが、成立過程を考えるならば、四つの別の古墳群とみるべきで、この花山地区で成立して岩橋山塊を南へと移動した他を圧倒する規模の古墳群を、紀直、のちの紀国造家の築いた岩橋千塚古墳群とすべきだろう。まず、この四つの古墳群をくわしく見ていこう。

3 紀直の築いた岩橋千塚古墳群

岩橋山塊は標高約一五〜一五〇メートルの丘陵で、岩橋千塚古墳群は東西約三キロ、南北約二・五キロの範囲に展開する（図34）。四世紀末頃から七世紀までの古墳があり、踏査結果では暫定的に前方後円墳一五基、帆立貝形古墳九基、方墳三基、円墳他五一七基の古墳が確認できた。埋葬主体部は粘土槨が一三基、礫槨《れきかく》が一基、竪穴式石室が七六基、箱式石棺が四基、横穴

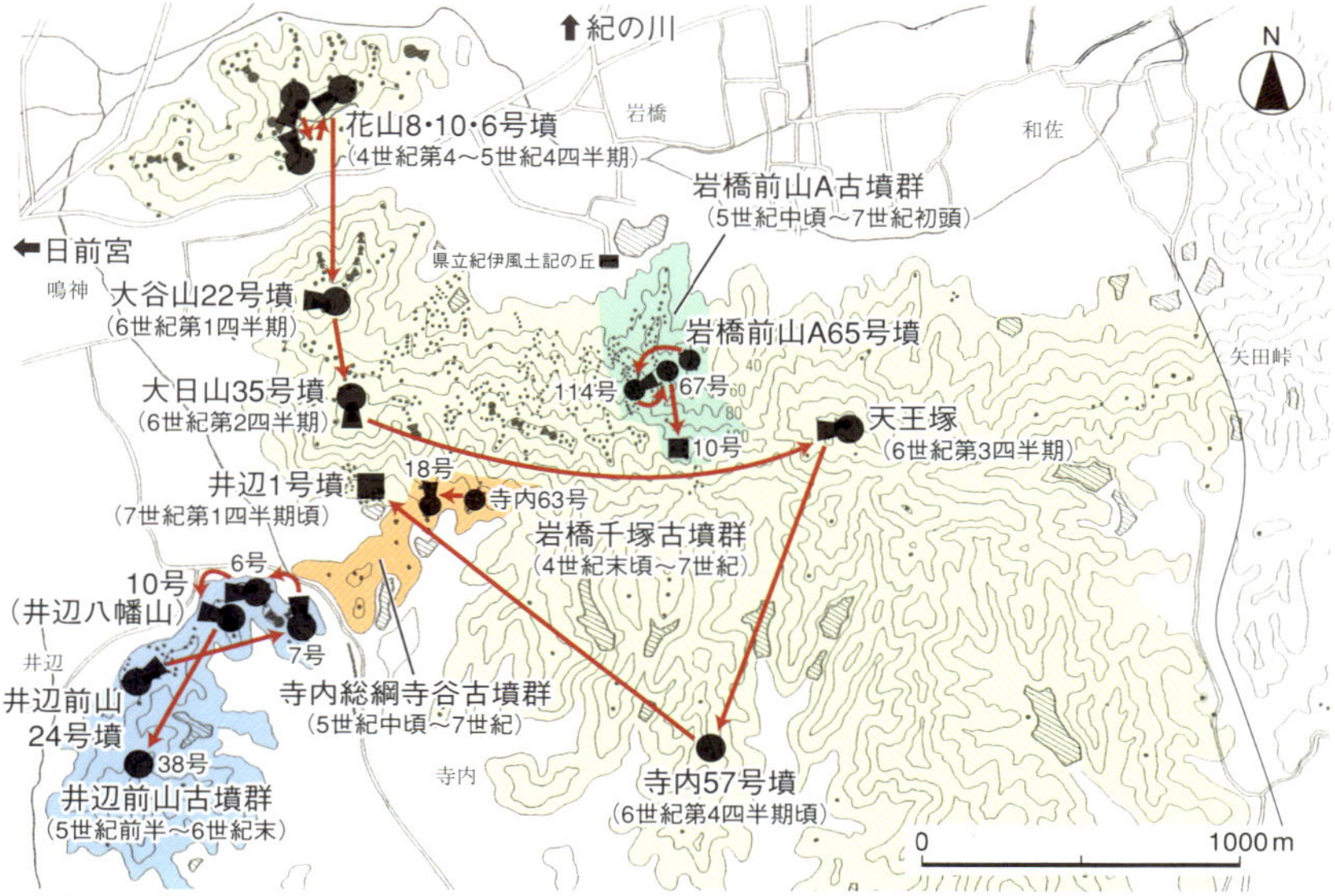

時期	特徴	花山	大谷山	大日山	岩橋前山B	岩橋前山A	和佐	井辺前山	井辺	寺内	山東
4世紀	古墳群形成開始	8号 (36号) (7号)	岩橋千塚古墳群					井辺前山古墳群			
5世紀	主体部粘土槨中心	10号 (20号) 44号	〈北麓〉39号			岩橋前山A古墳群		(24号)		寺内総綱寺谷古墳群 63号	
	古墳築造低迷	(2号?) 45号				65号 17号 8号					
	横穴式石室導入	6号 33号	6号		〈北麓〉150号 167号	(116号) (114号) 58号 20号		(7号) 26号		22号	
6世紀	石棚・石梁採用		22号 27号 28号 (20号)		11号	(93号) 86号		6号 36号			
	群集墳爆発的増加			35号 1号 (8号)	知事塚 117号	56号 99号		八幡山 32号 (3号)		カンゴ池南西の消滅古墳 18号	
	石室発達・埴輪消滅			2号 7号	将軍塚 郡長塚 (109号)	23号 24号 130号 46号	天王塚	(14号)			
	首長墓円墳化・墓域南面	14号 9号	16号	58号	220号	67号 13号	天王塚山2号	38号 39号		57号 (37号) (42号) (44号)	22号
7世紀	首長墓方墳化				101号	10号			1号 2号 12号	6号 35号	
	古墳群形成終息									56号	

岩橋千塚古墳群の首長墓動向を中心に10期に区分した編年模式図。（　）は根拠の弱いもの。

図33 ● 岩橋山塊の四つの古墳群と首長墓の移動

岩橋山塊の古墳を地区別、年代別に並べると、四つの首長墓系譜があることがわかる。
この四つのグループは、それぞれの首長墓を中心に独自の展開をみせている。

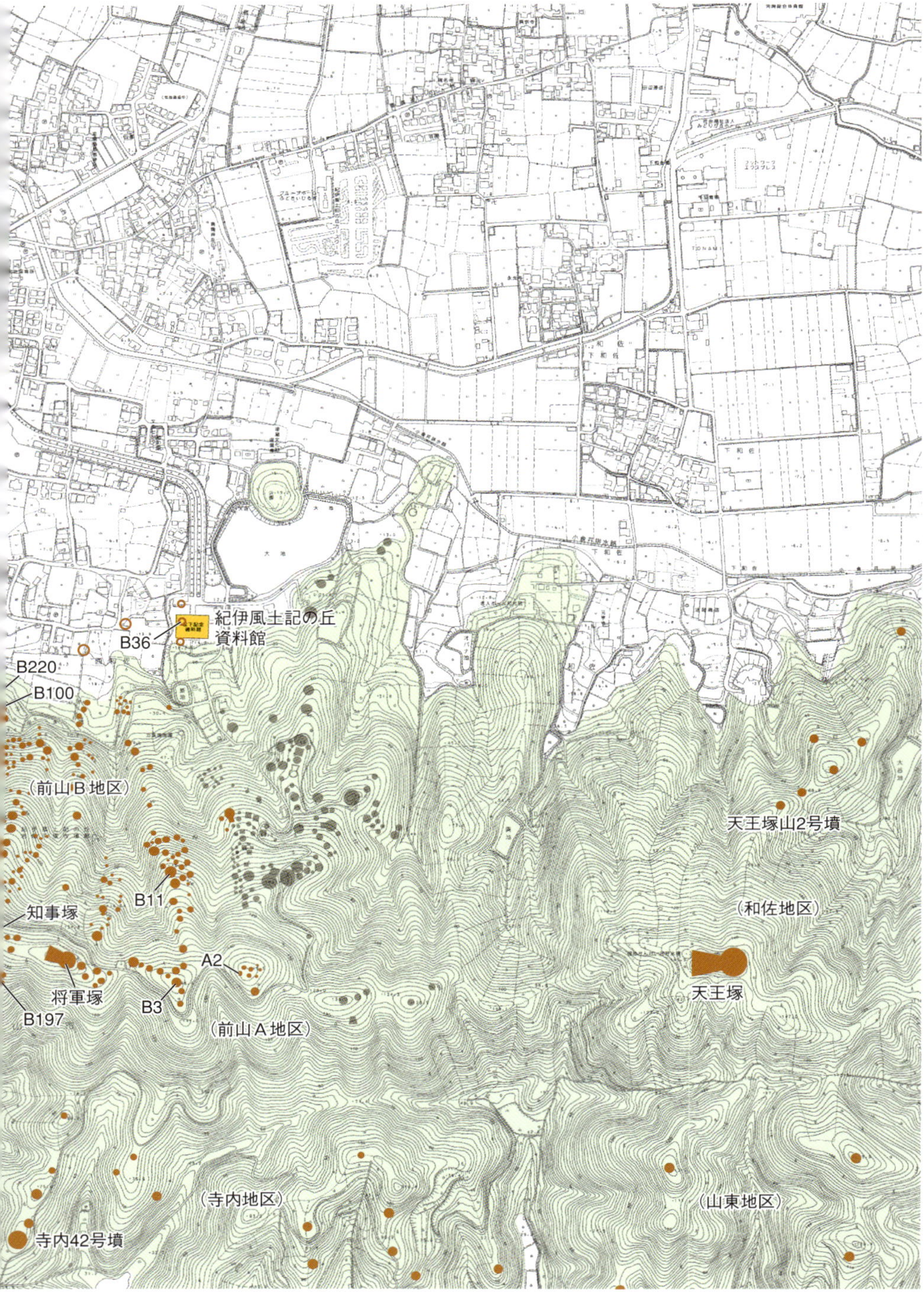
紀伊風土記の丘
資料館
B36
B220
B100
（前山B地区）
B11
知事塚
将軍塚
B197
B3
A2
（前山A地区）
天王塚山2号墳
（和佐地区）
天王塚
（寺内地区）
寺内42号墳
（山東地区）

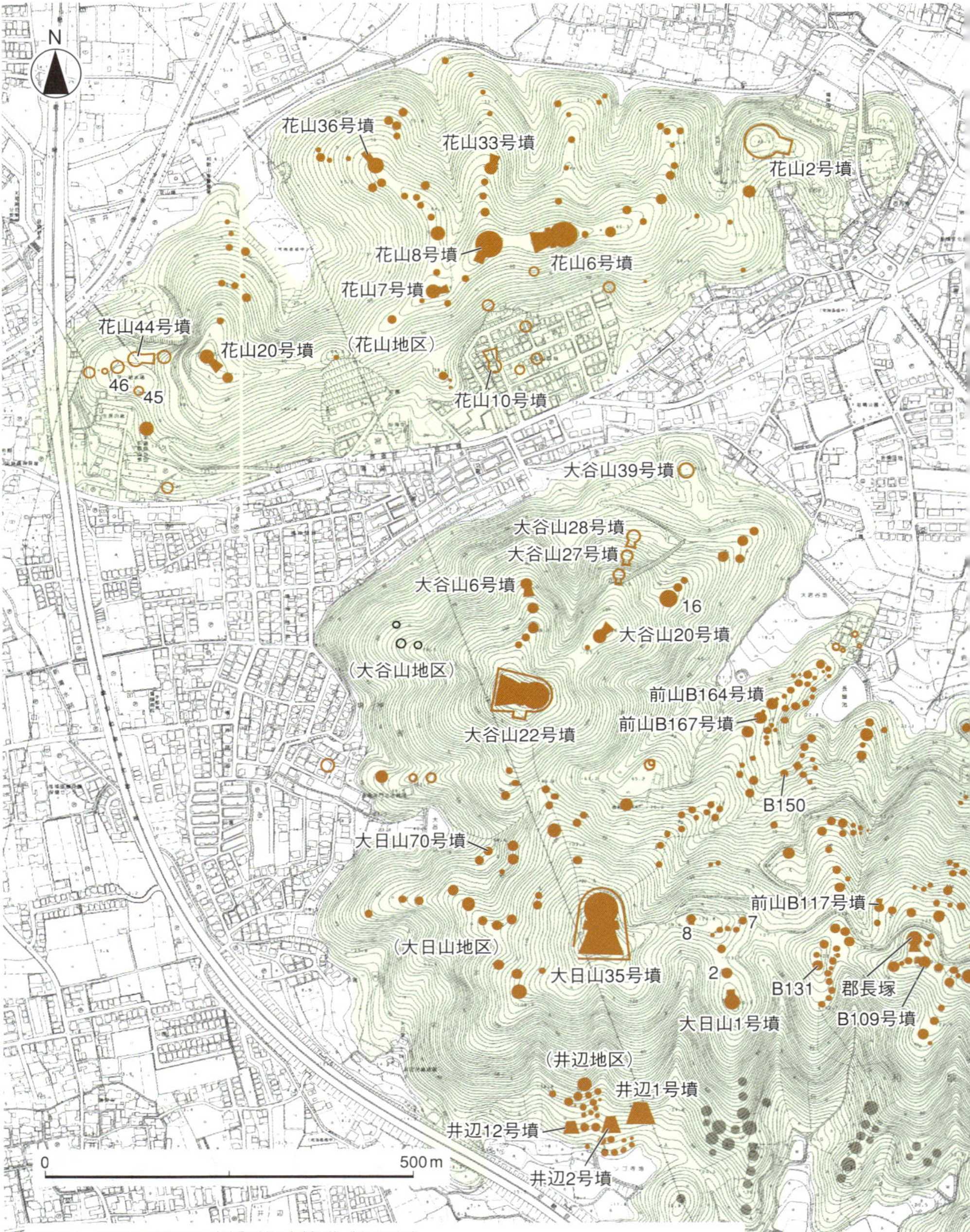

図34 ● 紀直の築いた岩橋千塚古墳群（主要部）
四つのグループのなかで圧倒的な規模をもつグループが紀直、のちの紀国造家の古墳群「岩橋千塚古墳群」と認識できる。各地区に大首長墓1・中小首長墓2〜4基があり、図33のように移動していることがわかる。

式石室が二三四基と多様である。

全体像がわかるように、この紀直、のちの紀国造家の築いた岩橋千塚古墳群について、時代を追って解説していこう。

花山地区西部での古墳群のはじまり（四世紀末〜五世紀第3四半期）

岩橋千塚古墳群の最初の墓域は、鳴神音浦遺跡に面した花山地区西部に出現する。最初の首長墓は標高八二メートルの花山山頂にある花山八号墳（図35）で、四世紀末頃の古墳と考えられている。この古墳は大型の帆立貝形古墳で、墳長は約五二メートル、円丘部径約三五メートル、方形部には長さ一二・三メートルの粘土床があり、鉄剣と滑石《かっせき》製勾玉・臼玉《うすだま》・管玉《くだたま》、ガラス製小玉が出土している。後円部は盗掘を受けて粘土塊が散乱しており、三角縁神《さんかくぶちしん》獣《じゅう》鏡《きょう》や筒形銅器、陶質土器など花山で出土したと伝えられる品々がこの古墳にあった遺物ではないかと考えられている。

五世紀前半には粘土槨と竪穴式石室を主体とする墳長四四メートルの前方後円墳である花山一〇号墳や、六カ所の粘土床をもった墳長三〇メートルの帆立貝形古墳である花山四四号墳をはじめとする古墳が、花山丘陵の西部に集中して築造されている。しかし、五世

図35 ● 花山8号墳の粘土床
粘土床は、長さ12 mを超す長大なものである。

紀中頃から後半にかけての古墳は明確ではなく、この時期の大首長墓候補とされていた花山二号墳は、河内一浩や仲原知之らによる埴輪の再検討がおこなわれた結果、やや新しい様相をもつことから評価がむずかしくなっている。

五世紀の岩橋千塚古墳群は中首長層の古墳が林立し、大首長層の古墳が明確でないことから、紀伊周辺地域でもっとも上位に位置づけられる淡輪古墳群を大首長墓とみて補完関係を考える必要もあるだろう。

花山六号墳と新体制の確立（五世紀第4四半期頃）

五世紀末頃に淡輪古墳群にかわって、紀伊周辺の地域でもっとも上位の古墳群として岩橋千塚古墳群の新たな体制が確立する。それは、墳長約六〇メートルの大型前方後円墳である花山六号墳を大首長墓として、墳長二五〜三二メートルの中型前方後円墳である大谷山六号墳、花山三三号墳を中小首長墓とする体制である。大型前方後円墳一基と中小首長墓二〜四基からなるこの体制は、この後約一世紀に渡って継続していく。

花山六号墳には南北の造り出しがあり、埴輪が出土する。また、横穴式石室をもつはじめての大首長墓で、横穴式石室の隅に羨道《せんどう》がとり付くが、出入口部では壁面の石が張り出し、板石

図36 ● 大谷山6号墳の玄室入口部
玄室の入口は片袖傾向が強いが、両袖式である。板石閉塞が可能で玄門の基石（きせき）も設置されており、岩橋千塚古墳群の初現期の横穴式石室としての基本構造を備えている。

での閉塞《へいそく》が可能な構造である。床面には細長い石を置き、玄室《げんしつ》と羨道を区切っている。大谷山六号墳（図36）・花山三三号墳でも同様の横穴式石室がつくられており、出土した須恵器から五世紀末に築造され、六世紀前葉に追葬がおこなわれたものと考えられる。

　この時期の墓域は花山東部を中心として、大谷山北麓まで広がっている。五世紀中葉までの墓域より少し岩橋山塊寄りに形成されているといえるだろう。

大谷山二二号墳と墓域の移動（六世紀第１四半期頃）

六世紀第１四半期には、岩橋千塚古墳群の中心的な墓域は大谷山地区へ移動する。大谷山山頂には大首長墓の大谷山二二号墳が築かれ、北側の尾根筋に中小首長墓の大谷山二〇・二七・二八号墳が築かれている。

　大谷山二二号墳は、墳長六七〜七〇メートルの大型前方後円墳で、

図37● 大谷山22号墳の玄室奥壁（右）**と入口**（左）
この段階で玄室前道基石と石棚・石梁を備えた岩橋型石室が完成する。

基壇テラス面の南へのびる造り出し状部分から埴輪が多量に出土した。形象埴輪は家や人物（力士・盾持ち人・女性）、動物（馬・鶏）、器財（盾・大刀・双脚輪状紋）の埴輪のほか、胡籙形埴輪や翼を広げた鳥形埴輪片も確認でき、大日山三五号墳と近似した埴輪群像が立てられていたことがわかる。また、この古墳の近年の発掘調査成果からは、**図55**右上のような南北造り出しと堤をもつ盾形基壇の復元も可能となっている。後円部には片袖傾向の岩橋型横穴式石室があり、玄室には玄室前道《げんしつぜんどう》基石と石棚・石梁《きせき》が設けられている（**図37**）。

この時期の小首長墓とみられる大谷山二八号墳の横穴式石室では、両袖式で板石で埋葬部を囲う石障《せきしょう》をもった肥後型の特徴をもつ横穴式石室が確認されている。これらのバラエティに富んだ石室の特徴を統合して、六世紀第1四半期の末に大首長墓である大谷山二二号墳の横穴式石室が構築されたものと考えられる。

大日山三五号墳と群集墳の成立（六世紀第2四半期頃）

六世紀第2四半期の中心的な墓域は大日山地区・前山B地区西部に移動する。岩橋山塊の西側山頂にあたる標高一四一メートルの大日山とそこから東にのびる主稜線、北斜面を含む東西一二〇〇メートル、南北六〇〇メートルほどの範囲にあたる。

大日山山頂の大首長墓が大日山三五号墳で、東西方向の主稜線上には知事塚、主稜線から派生した尾根上の平坦地には小首長墓の大日山一号墳と前山B一一七号墳が築かれている。

大日山三五号墳は3章でも紹介したとおり墳長八六メートルの前方後円墳で、大谷山二二号墳と様相が似るが、造り出しから出土した須恵器は六世紀第2四半期のもので、長脚二段透かしの高坏があるなど、若干新しい年代の遺物が出土している。また、下部が欠けた家形埴輪を据えつけたり、石室の石材がやや小さく、調達に苦労していることがうかがわれる点など、急いでつくられたかのような痕跡が多い点も注目される。前方部は岩盤から削り出し、後円部は盛土で築かれており、石室の形状は大谷山二二号墳より細長く、羨道はやや中央寄りにとり付いている（図38）。

知事塚は墳長三四・五メートルの前方後円墳で、北造り出しから須恵器・埴輪が出土した。後円部に石棚をもつ横穴式石室を築くほか、くびれ部と前方部にも横穴式石室と竪穴式石室を構築する。

四五ページで紹介したように、大日山一号墳と前山B一一七号墳はそれぞれ墳長三一・五メートルと二〇メートルの帆立貝形古墳である。

群集墳の形成は最盛期を迎え、これから約半世紀の間に大日山地区から前山B地区にかけて三〇〇基を超す円墳が築かれる。埴輪樹立や水平方向の石梁、やや片袖傾向の横穴式石室といった特徴をもつ円墳は、この時期に築かれた群集墳である可能性が高い。

図38 ● 大日山35号墳の玄室入口
羨道は大谷山22号墳より玄室の中央寄りにとり付いている。

天王塚と岩橋型石室の発達（六世紀第3四半期頃）

六世紀第3四半期には、岩橋千塚古墳群の墓域は前山B地区のほか、岩橋山塊の東側に位置する和佐《わさ》地区と山東《さんどう》地区の一部に展開するようだ。

大首長墓は岩橋山塊の東の山頂に築かれた天王塚《てんのうづか》で、墳長は大日山三五号墳とほぼ同規模の八六〜八八メートルである。墳丘は前方部の著しい発達がおさまり、均整のとれた墳形となる。横穴式石室は全長一一・三メートル（側壁残存部を含む）で、玄室長四・二メートル、幅二・七メートル、高さ五・九メートル。左右対称の均整のとれた形状となり、石棚と八枚の石梁を掛け渡して、日本で二番目に高い石室が構築されている（**図39**）。まるで家屋や船といった木

図39●天王塚の玄室奥壁部（左）**と玄室入口部**（右）
手をのばした先に2枚の石を用いた石棚、その上方に石梁が組まれ、壮麗な石室がつくられている。この段階になると、羨道は玄室のほぼ中央にとり付いている。

造建築物の中にいるかのような石室をつくり、屍床《ししょう》仕切り石や玄門《げんもん》化粧石、閉塞石などに板状の石を多用している。

中小首長墓および群集墳墓域の中心は引きつづき前山B地区の東部を中心としており、中首長墓は墳長四二・五メートルの将軍塚、小首長墓は前山B一〇九号墳と郡長塚であろう。

これらの古墳は均整のとれた墳丘と横穴式石室をもち、基本的に南向きに開口している。造り出し・基壇はなく、埴輪も樹立しない。横穴式石室には板石を垂直方向に立てた石梁を架け渡し、天井の高い玄室を築き、玄室の中央に羨道がとり付く。将軍塚東石室では羨道から出土した須恵器によって、六世紀末に追葬があったと考えられる。

前山B地区にある約三〇〇基の群集墳のうち均整のとれた両袖式横穴式石室をもつ古墳は、この時期の古墳が多いものと考えられる。

寺内五七号墳と南向きの墓域（六世紀第3〜4四半期頃）

六世紀第3〜4四半期頃に、岩橋千塚古墳群の墓域は、岩橋山塊の南側へ移動・拡大する。主要な古墳は寺内地区の尾根筋に位置し、やや小規模な古墳が南斜面に展開する。前方後円墳はなく、大小の円墳が築かれている。

大首長墓は寺内五七号墳で、径三五〜四〇メートルの大型円墳とみられる。玄室は長さ五メートル以上、幅三・二八メートルで、岩橋千塚古墳群でもっとも広い横穴式石室を築いている。横穴式石室は高さが減り、面積が広くなり、板石による装飾性が増す傾向がみられる（図40）。

中小首長墓は寺内三七・四二・四四号墳と山東二二号墳で、径二七～三一メートルの円墳である。山東二二号墳は寺内五七号墳の東側の尾根上にあり、玄室長四・一四メートル、幅二・三八メートル、石室全長八・六メートル。トンボ玉を含む各種の玉や金製品片、須恵器等が出土している。

寺内地区周辺には群集墳も展開するが、果樹園の開墾が進み、どれだけの古墳があったのか明確ではない。和歌山市の確認調査では従来の二～三倍の古墳が検出されている場所もあり、一〇〇～二〇〇基の円墳が展開していることが予想される。

井辺一号墳と終末期方墳の時代（六世紀第4四半期～七世紀第1四半期頃）

六世紀末から七世紀初頭には、岩橋千塚古墳群の中心的な墓域は井辺地区に移るが、寺内地区でも古墳の築造がつづく。首長墓は南向きの丘尾切断型の大型方墳で、その他の古墳は円墳を築く。

大首長墓は井辺一号墳で、北辺二八メートル、南辺四〇メートル、南北三八～三九メートルの方墳で、周囲に基壇状の施設がみられる。横穴式石室は玄室長四・一五メートル、幅二・八メートル、高さ二・八メ

図40 ● 寺内57号墳の羨道部
閉塞石の一部が盗掘で割られている。玄室奥壁側は流入した土砂で埋まっている。

ートル、石室全長一〇・八五メートルである。玄室には石棚・石梁のほか棺台があり、玄門には化粧石を配する（図41）。玄室からは腕輪のほか、六世紀末〜七世紀初頭の土器が出土している。

中小首長墓も方墳で一辺二五メートルの井辺二号墳、一辺二〇メートルの井辺一二号墳がある。一二号墳の石室は玄室長三・四メートル以上、幅二・二五メートルで石棚の存在が確認できる。井辺地区・寺内地区の古墳築造は七世紀中頃には終わり、追葬もやがて終息する。

以上が、紀直が築いた岩橋千塚古墳群である。次に岩橋山塊に展開するほかの古墳群をみてみよう。

図41 ● 井辺1号墳玄室
玄門の手前から玄室内をのぞき込む。多数の板石が組み込まれた最終段階の岩橋型横穴式石室。

4 岩橋前山A地区は渡来系集団の墓域か

岩橋前山A地区の古墳群

岩橋前山A地区の古墳群は、標高は一五〜一三三メートル、東西三五〇メートル、南北八〇〇メートルの範囲に小古墳が群在する。古墳数は一二四基で、前方後円墳一基、帆立貝形古墳三基、方墳一七基、円墳一〇三基から成る。五世紀中葉から七世紀初頭までの古墳があり、主体部は竪穴式石室二〇基、箱式石棺八基、横穴式石室三六基と多様である（図42）。

この古墳群は、地形と横穴式石室の開口方位等から別の墓道に連なる東・西・北の三つの群

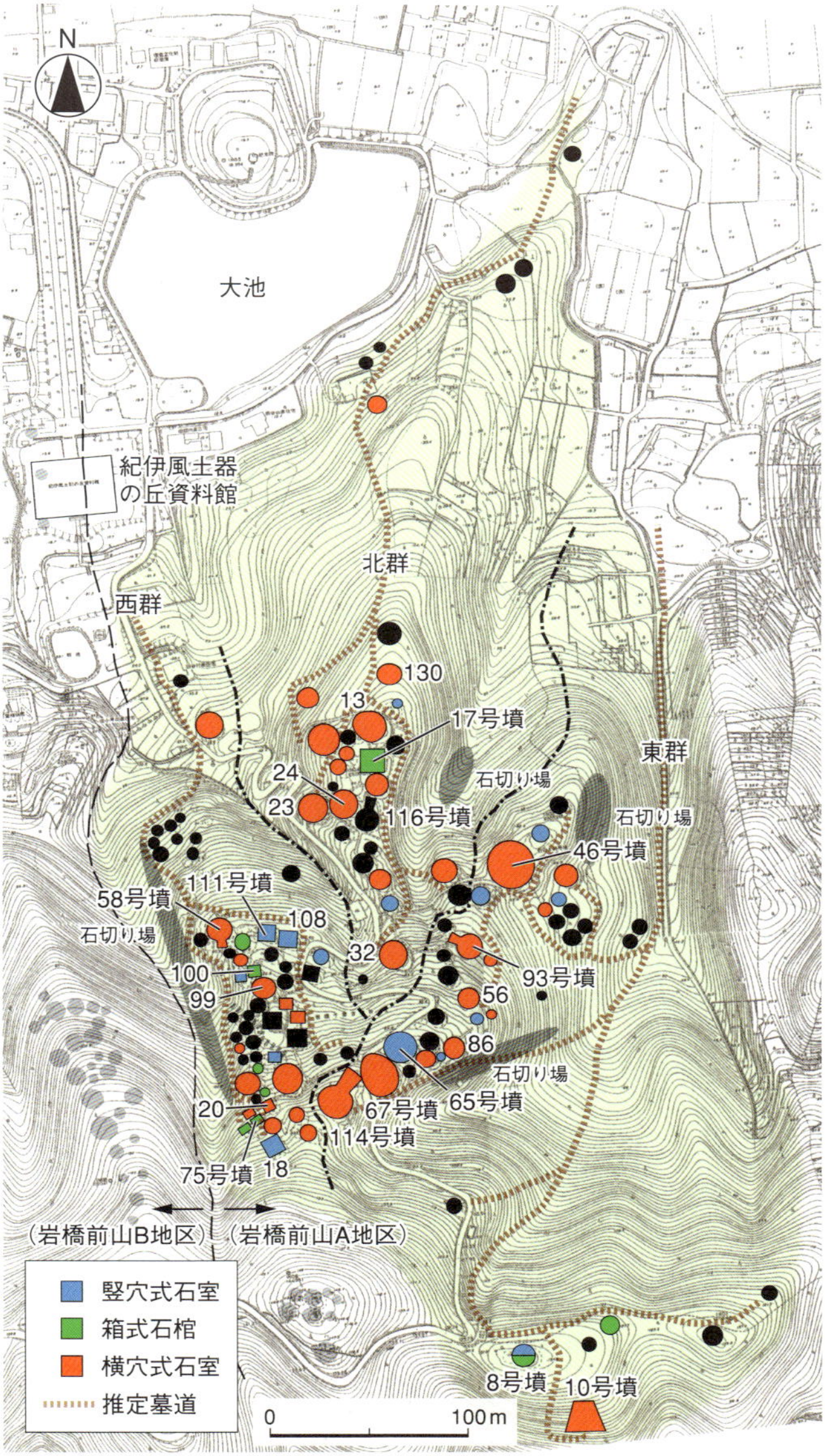

図42 ● 岩橋前山A地区の古墳群
東群を中心にまとまっているが、墓道の分析からみると、3群ないしさらに多くの支群に細分することができる。

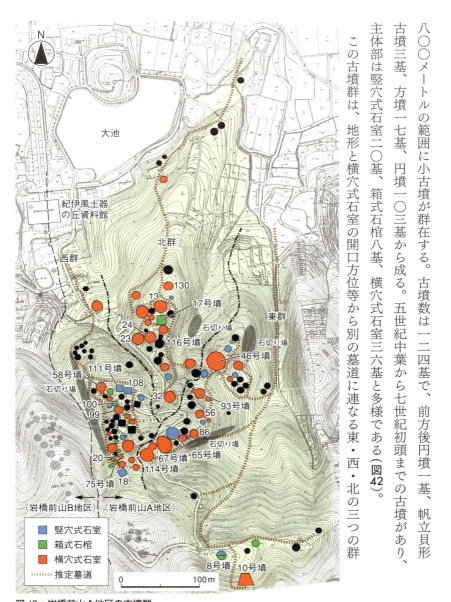

に細分することができる。

東群の首長墓系譜

中心となるのは東群で、前山A地区の東側にある谷沿いの複数の尾根にまたがり、三八基の古墳が確認できる。古墳の規模はやや大きく、五世紀中葉から七世紀初頭頃まで継続して古墳が築かれている。

古墳群全体を見渡せる標高一〇〇メートル付近の尾根筋には、東群の首長墓と目される古墳が三基並ぶ（**図43**）。前山A六五号墳は、墳頂に長さ約三・五メートルと約三・八メートル、幅は共に〇・八メートルの竪穴式石室二基を並置する径約一七メートルの円墳（ないしは方墳）で、大正年間に鉄剣が出土している。東群で最初に築かれた古墳と推測され、五世紀中頃ないし後半の古墳と考えられる。

その西側には新発見の墳長約三一メートルの前

図43 ● 東群の首長墓
前山A地区の中心的な古墳が3基並ぶ。手前から、前山A65・67・114号墳。

方後円墳・前山A一一四号墳が築かれている。横穴式石室は南東向きに開口し、東の谷へと墓道がつづいている。この二基の首長墓の間に、六世紀後葉に築かれた古墳が前山A六七号墳である。やや狭い場所に築かれているが、南側は盛土で地盤を固め、長軸方向で約二七メートルの楕円形の墳丘を確保している。石棚と二枚の石梁のほか、多数の化粧石を用いた豪華な横穴式石室を構築しており、墳丘内墓道を含めると長さ一五・三二メートルにのぼる。

東群はこの三基以外にも有力な古墳がいくつか築かれており、前山A八号墳は墳頂に竪穴式石室と箱式石棺を併置する円墳、前山A九三号墳は埴輪を樹立する帆立貝形古墳である。前山A四六号墳は墳長二七メートルの楕円墳で、大正年間に出土した蓋一点を合わせ、墳頂から新羅《しらぎ》系陶質土器高坏が四個体分出土している(**図44**)。

東群最後の首長層の墓は前山A一〇号墳で、岩橋山塊主稜線を越えた南向きの尾根に、ただ一基だけ丘尾切断型の方墳として築かれている。

岩橋前山北麓には在地の有力者で「岩橋」の地名の元となった湯橋《ゆはし》氏がいる。平安時代の文献で秦《はた》氏系の氏族として登場し、中世には雑賀衆《さいかしゅう》の一員となり、近世では大庄屋を務めた。その末裔は、今も岩橋前山A地区の山麓を墓所としており、古墳群の調査中も時折、紀伊

図44●岩橋前山A46号墳の陶質土器
滋賀県立大学の定森秀夫によると新羅中心部で製作された蓋のある陶質土器高坏で、4個体を1セットとして墓上祭祀で用いた土器とみられる。

風土記の丘の園内で顔を合わせることがあった。岩橋千塚古墳群を築いた紀国造家とともに、一五〇〇年の時を生きているのではないだろうか。

独自性の強い西群

東群と対象的な様相がみられるのは、西群である。東群の方墳が終末期の一基であるのに対して、西群には一五基の小型長方形墳が築かれている（図45）。特徴的なのは横穴式石室で、通常の岩橋型横穴式石室では羨道に対して横向きに人を埋葬するため、単葬墓は玄室と羨道の形が「T字形」になる特徴があるが、西群では羨道と平行する向きに「羽子板形」の石室をつくる。そもそも岩橋型石室と埋葬原理が違うのだ。小型長方形の墳丘も石室と同じ形に土を盛りつけただけの消極的なもので、むしろ円墳をつくる気がないという印象を受ける。

東群と西群で共通する特色は、墳丘内に主体部を併置する古墳がある点である。大阪府柏原市の船史《ふねのふひと》氏の墓所とされる田辺《たなべ》古墳群では並列して築かれる同時期・同規模の古墳を夫婦墓と認識された例があるが、前山A地区でも同じような様子がうかがえることから、渡来系の要

図45 ● 西群の竪穴式石室（上）と箱式石棺（下）
石室・石棺の形のまま、最小限の四角い墳丘が築かれている。写真は前山A111号墳とA75号墳。

素の濃厚な複数の集団の墓域が展開している可能性が考えられる。

5　大伴連の築いた井辺前山古墳群

井辺前山古墳群の再評価

井辺前山古墳群は福飯《ふくい》ガ峯《みね》のある半独立丘陵の北西部を中心に、東西約一キロ、南北約八〇〇メートルの範囲に広がる古墳群で、和歌山市や県の教育委員会による調査がおこなわれ五〇基以上の古墳（図46）のほか、古墳の可能性のある遺物散布地点が多数確認されている。

五世紀前半頃から六世紀末までの古墳があり、墳形は前方後円墳が五～六基、帆立貝形古墳が一基で、そのほかは円墳である。主体部が確認された古墳は少ないが、粘土槨と推定されるものが一基、竪穴式石室二基、箱式石棺二基、横穴式石室四基がある。古墳群の特徴と展開について、三つの地区に分けて考えていこう。

最初の墓域は和歌山平野の集落遺跡・井辺遺跡に面した標高二〇～七〇メートルの丘陵部中央地区に出現する。古墳群形成の契機となった首長墓は、平野部に面した墳長約六〇メートルの井辺前山二四号墳である。後円部からは粘土塊が検出されており、花山地区の古墳のように粘土槨ないし粘土床があったのだろう。この古墳を始祖墓と認識してか、後の群集墳はこの古墳の周囲に展開する。

五世紀末から六世紀前半には、首長層の墓が北地区に移動する。井辺前山七号墳は墳長約六〇メートルの前方後円墳とみられる古墳で、交通と用水の要であるカセガ淵に面している。井辺前山六号墳はややめずらしい左片袖傾向の岩橋型石室を築き、玄室から馬具と装身具（**図47**）、玄室・羨道・前庭から六世紀前半の須恵器、くびれ部から陶質土器が出土した。井辺八幡山古墳は墳長約六七メートル、基壇総長約八八メートルの前方後円墳で、造り出しから形象埴輪・装飾付き須恵器等が多量に出土している。詳細は第2章のとおりである。

六世紀後半の墓域は、丘陵の南地区に移る。井辺前山三八号墳は径三〇メートル、高さ六メ

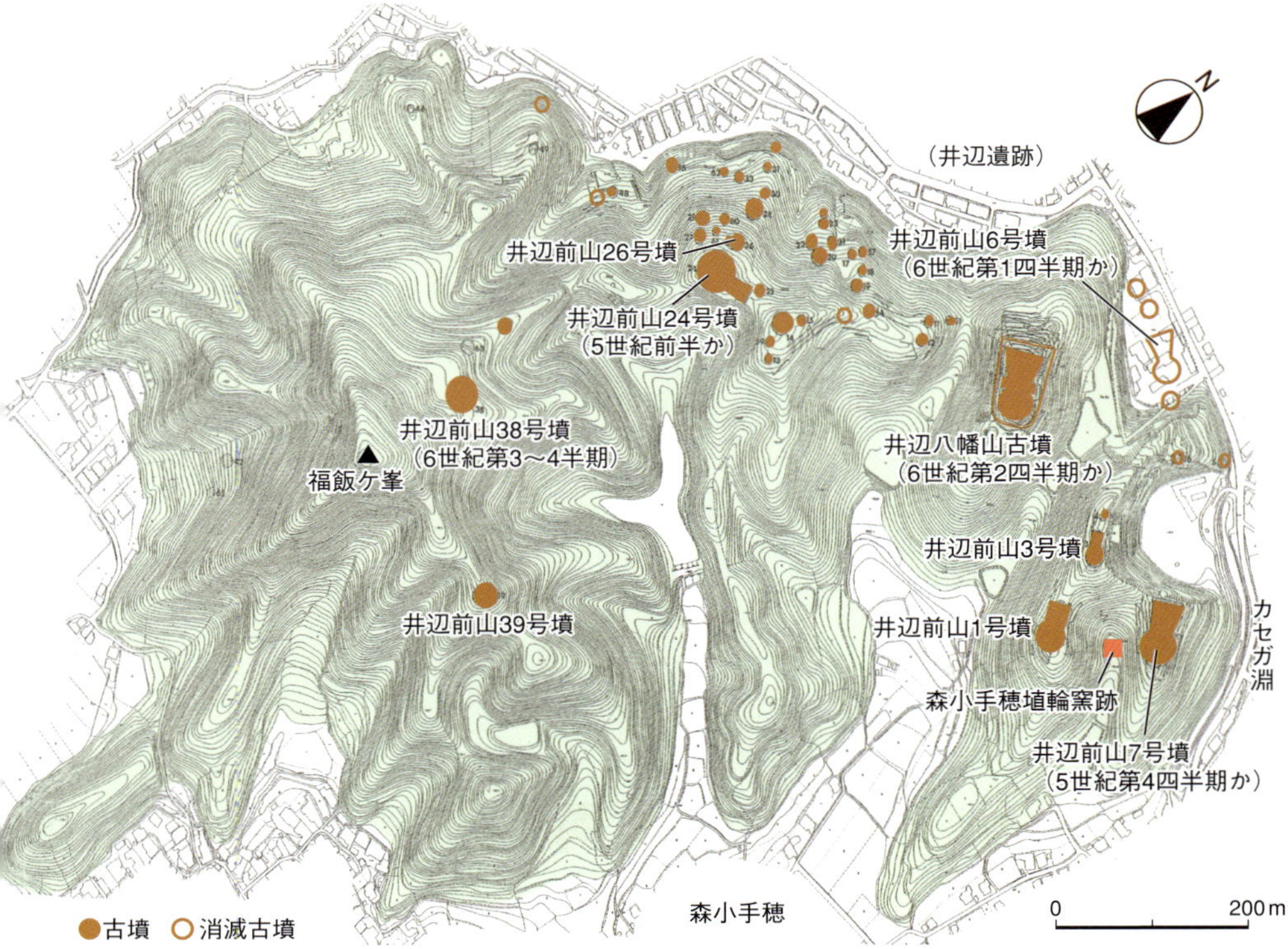

図46 ● 井辺前山古墳群
50～60 m級の前方後円墳と大型円墳による5～7代に渡る首長墓を中心とする古墳群。山麓の井辺遺跡では古墳時代前期の墓域もみつかっており、その関係が注目される。

ートルの大型円墳。井辺前山三九号墳は径一八メートル、高さ四メートルの円墳で、南方へ視界が開ける山頂の一つに位置している。

井辺前山古墳群は大伴連系の古墳群か

井辺前山古墳群はこれまで漠然と紀直の築いた岩橋千塚の支群として扱われてきた。しかし、岩橋山塊の中央にある古墳群とは別の動向を示しており、独立した古墳群とみたほうがよいだろう。

紀伊国には紀臣・紀直のほかに、第三の有力集団として大伴連《おおとものむらじ》系集団の存在が知られている。紀伊国名草《なくさ》郡には大伴櫟津《いちいづ》連や宇治《うじ》大伴連などを含む大伴連の同族が多く、古代の名草郡井辺郷には大伴若宮《わかみや》連が居住していたとされる。また、『日本書紀』雄略天皇九年条の紀小弓宿禰らが新羅遠征に派遣された記事の中に、畿内政権の有力

図47 ● 井辺前山６号墳の装身具（上）**と馬具他**（下）
上は水晶製勾玉などの玉類と耳環。下は左上が鉸具（ベルトのバックル）と両頭金具（弓の金具）。左下が馬具の杏葉と雲珠。右側が各種小札類など。

者である「大伴談連《かたり》」とともに戦死した人物として「紀崗前来目連《きのおかざきのくめ》」が記されており、清寧《せいねい》天皇即位前記にも王位継承権をもつ有力者である星川《ほしかわ》王子に従って「城丘前来目《きのおかざきのくめ》（名を闕《もら》せり）」が焼き殺されたという記事がある。

直木孝次郎《なおきこうじろう》・薗田香融の指摘するように紀崗前来目連は紀伊の岡崎（井辺周辺の広域地名）の地を本拠とする久米部（および大伴部）の在地統率者と考えられ、大伴氏と久米氏の従属関係から、紀崗前来目大伴連とよぶべき一族であったものと考えられるだろう。

古墳の築造年代から『日本書紀』に登場するこの二人の人物の墓は井辺前山七号墳と六号墳である可能性があり、その重要性はいうまでもない。これら二基につづく一〇号墳（井辺八幡山古墳）については、調査を担当した森浩一が北方系文化体現者としての性格を指摘しており、朝鮮半島へ遠征した紀伊地域の久米・大伴連系集団の歴史を反映しているものといえる。

井辺前山古墳群は紀崗前来目連を中心とした大伴連系集団の墓域ではなかろうか。

6　寺内総綱寺谷にあった古墳群

この古墳群は団地や果樹園になり、現在残存する古墳は約三五基となっているが、大野嶺夫の踏査記録・聞き取り調査によると、本来は寺内地区西部・総綱寺谷《そうこうじだに》の東側に九〇基ほどの古墳群があったようである（図48）。

前方後円墳一基のほか、すべて円墳で五世紀中頃から七世紀までの古墳がある。埋葬主体部は粘土槨一、木棺直葬一、竪穴式石室二、箱式石棺一、横穴式石室九基が知られている。首長墓とみられる古墳は二基で、寺内六三号墳と寺内一八号墳である。

五世紀中頃の寺内六三号墳は粘土槨を中心主体とする直径二一・五メートルの円墳である。

寺内一八号墳は墳長二八・六メートルの前方後円墳で、玄室前道のない小型で横に長い横穴式石室と馬具等を副葬した前室をもつ発達した横穴式石室がある。埴輪列は後円部上頂上で方形に配置され、墳丘裾では盾形にまわっており、六世紀中頃の古墳と考えられる。

この古墳群は残存する古墳が少なく築造集団を考えることはむずかしいが、忌部氏等の在地の有力集団が一応の候補といえるだろう。

（丹野　拓）

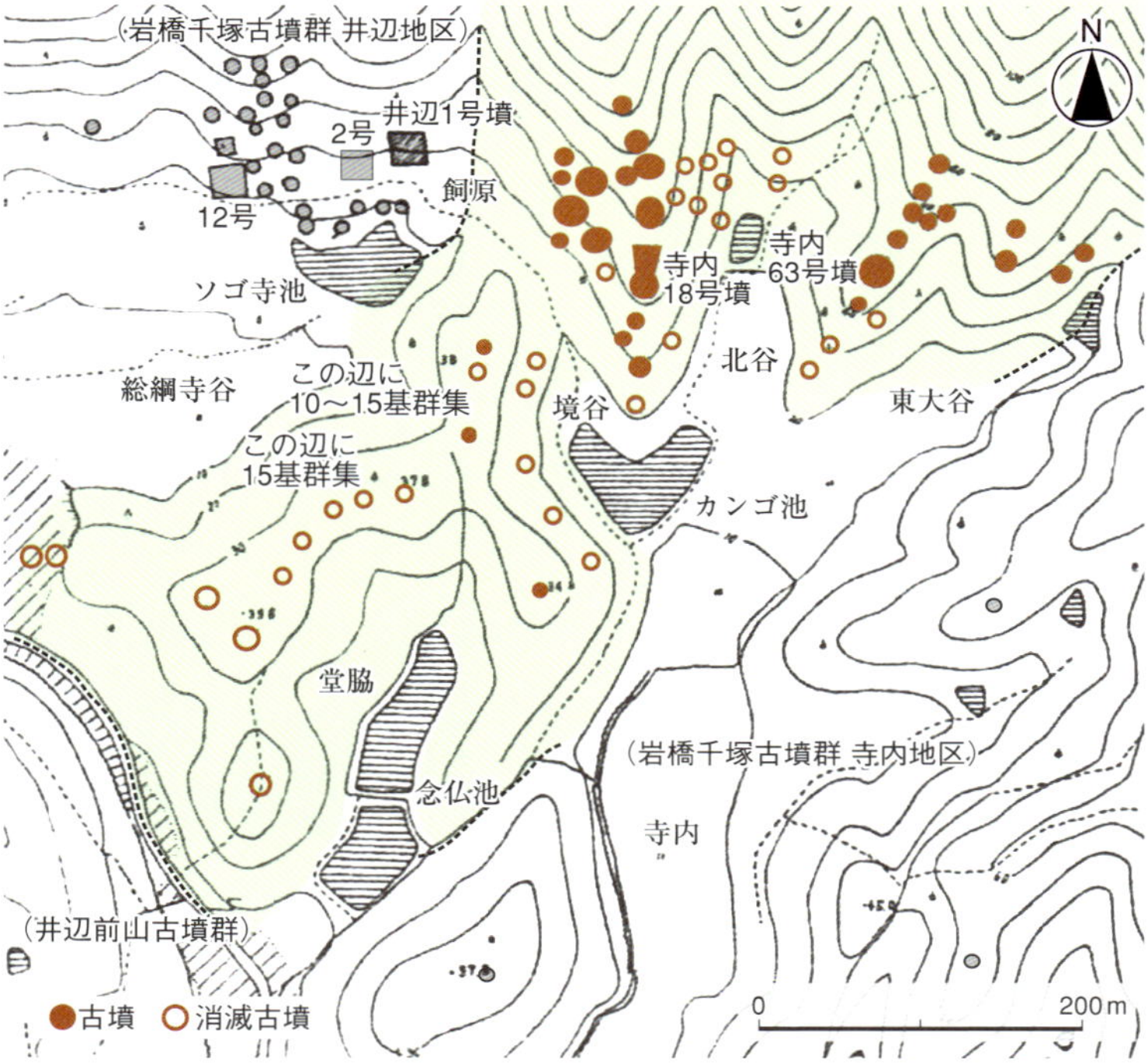

図48 ● 寺内総綱寺谷の古墳群
寺内地区西部にある複数の尾根に展開する古墳群。寺内古墳群と井辺総綱寺谷古墳群と呼称された古墳群の一部を含んでいる。多数の古墳が消滅しているが、５世紀中頃から７世紀初頭頃までの古墳が確認できる。

第5章　紀直から紀国造家へ

1　紀直と周辺氏族の動向

古墳時代前期の紀伊

さて、ここで岩橋千塚古墳群の築かれる少し前の話をしよう。

近畿地方の弥生時代の墓は方形周溝墓が多いが、紀伊の古墳時代は、この方形周溝墓群中に、前方後円形・前方後方形の溝をめぐらせるものが出現するところからはじまる。

はじめは前方後方墳（あるいは前方後方形墳丘墓）が多く、和歌山市川辺《かわなべ》遺跡・井辺遺跡、御坊市尾《お》ノ崎《さき》遺跡で確認されている。前方後円墳は、みなべ町片山《かたやま》遺跡と、岩橋山塊の麓にあたる秋月《あきづき》遺跡で確認されているが、年代判定がむずかしい。

秋月一号墳は一九八五年に、日前宮の西隣にある向陽《こうよう》高校の校舎を建てかえる際にみつかった、墳長二四〜二六メートルの前方後円墳である。溝からは多数の土器が出土しているが、溝の底にある堆積土から出土した土器は三世紀前半頃の土器とみられ、いわゆる纒向《まきむく》型前方後円墳が出現する時期、箸墓《はしはか》古墳築造直前の時期にあたっている。秋月一号墳のまわりに展開する墓は方形周溝墓状のものであり、三世紀に古墳時代のはじまりの波がきたものの、なおしばらく弥生時代以来の墓制が色濃く残ったのだろう。

文献でみる紀直

古墳時代の紀伊にかかわる文献は、いくつかの判然としない記述にはじまる。

『三国志』魏書倭人条には邪

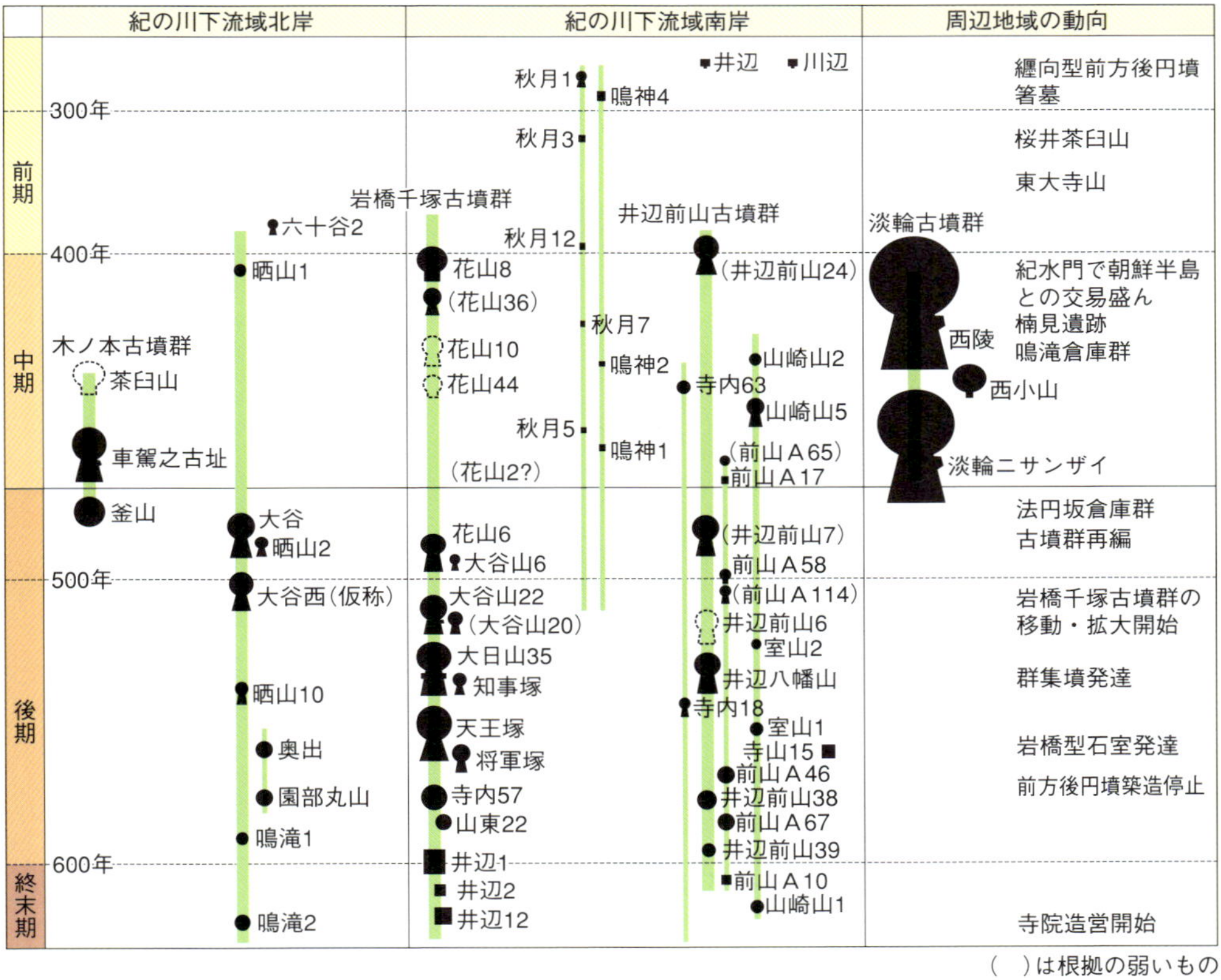

図49 ● 紀の川下流域の古墳編年表
古墳時代中期がはじまる頃、各地丘陵上に古墳群が出現するが、やがて淡輪・木ノ本古墳群のみが突出した存在感を示す。後期には各地丘陵上の古墳築造が再開される。

馬台国とともに「鬼国《きこく》」という国名が記されており興味深い。

『日本書紀』には、名草戸畔《なくさとべ》と荒川《あらかわ》戸畔、丹敷《にふ》戸畔が登場する。「戸畔」を女性首長の呼称とする向きが強いが、寺西貞弘によると戸畔は男性、戸辺（トベ・トメ）は女性で、ヒコ・ヒメに相当する尊称であるという。名草彦・名草姫は日前宮の境内や周辺の神社で祀られており、紀の川下流の名草地域を治めていた首長の祖霊を祀っているのだろう。

紀（伊）国造家に伝わる「紀伊国造系譜」は、初代の天道根《あめのみちね》から八代目を継承した男という意味の「夜都賀志彦《やつがしひこ》」までの神話的な系譜からはじまる。六代目の于遅比古《うじひこ》は孝元《こうげん》紀の「紀国造之祖宇豆比古《うずひこ》」、景行《けいこう》紀の「紀直遠祖菟道彦《うじひこ》」と同一名で、武内宿禰《たけのうちのすくね》の伯父ないし祖父にあたる人物とされる。「ウジ」は現在の和歌山市宇治《うじ》付近と考えられ、紀の川河口の水運の要所にあたる。近年、その一角にあたる鷺《さぎ》ノ森《もり》遺跡で、地表面の四メートル下に古墳時代の遺跡が残されていることがわかってきた。

九代目国造の等与美美《とよみみ》（豊耳）は、新羅親征の帰りに紀伊に立ち寄った神功《じんぐう》皇后の問答相手として『日本書紀』に登場する。その一連の遠征の出発地は紀伊の徳勒津宮《ところつのみや》であり、徳勒津は瀬戸内・九州・朝鮮半島とつながる紀直系集団の代表的な津であったものと考えられる。紀の

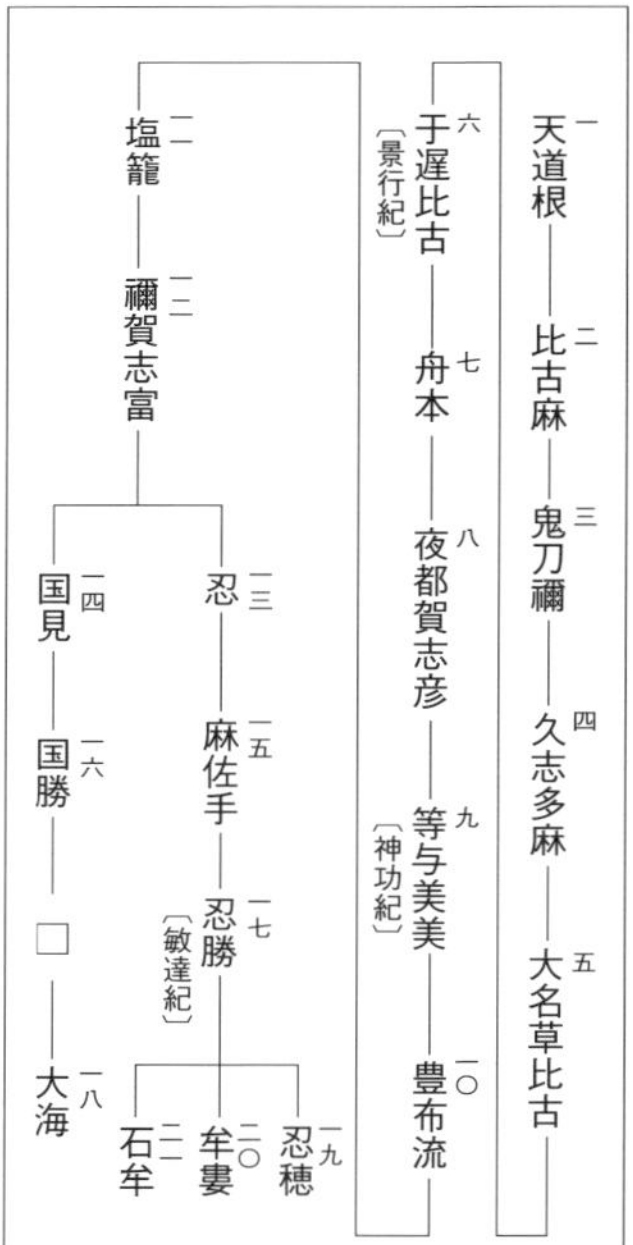

図50● 紀伊国造系図
81代つづく紀（伊）国造家には、古墳時代に遡る系図が伝えられている。

川北岸には神功皇后の子である応神《おうじん》天皇を祀る八幡宮が多く造営されており、紀直というより、むしろ紀氏集団全体としての畿内との結びつきが背景にあるものと推測される。

一七代目国造の忍勝《おしかつ》は、「敏達《びだつ》紀」で五八三年（敏達一二）に日羅《にちら》を迎える使として百済《くだら》に派遣された「紀国造押勝」にあたる。紀国造家の古墳群である岩橋千塚古墳群中に忍勝の墓を求めると、六世紀末から七世紀初頭に築かれた大型方墳、井辺一号墳が第一候補といえるだろう。実際の古墳に文献上の人物名をあてるのには慎重であるべきだが、あえて現状であてはめるならば、花山六号墳は一二代目の禰賀志富《ねがしぶ?》、大谷山二二号墳が忍《おし》、大日山三五号墳が国見《くにみ》、天王塚が麻佐手《まさで》、寺内五七号墳が一六代目の国勝《くにかつ》の墓となる。花山六号墳より前は大首長墓が明確ではないが、豊耳は岩橋千塚古墳群の出現期の人物であると考えられ、花山八号墳が一応の候補となるだろう。

紀伊地域の諸集団

紀の川下流域を中心とする紀伊地域には紀直系のほか、紀臣系と大伴連系といった有力な集団がいたことが知られている。

1章でも述べたように、紀の川下流域の南岸に紀直系、北岸に紀臣系集団が勢力を張り、「紀」という地域の根幹をなしていた。紀臣の勢力圏の北側にあたる和泉南部地域には紀臣と同族とされる坂本臣が勢力を張り、これらの地域の集団全体を代表する長は、五世紀中頃に大阪湾岸南端の淡輪の地に巨大な前方後円墳を築いたものと考えられる。

大伴連系の集団は大和南部や大阪の住吉に根拠地をもつ畿内の大伴連（あるいは大連）を中心として、各地に点在する。紀伊では和歌山市井辺や片岡《かたおか》、三毛《みけ》のほか、紀の川市粉河《こかわ》などいくつかの根拠地をもって展開している。

そのほか、名草直《なぐさのあたい》や海部直《あまのあたい》、長君《ながのきみ》といった在地の郡名氏族、和歌山市小豆島《あずしま》付近の小豆首《あずのおびと》、上野・北野ないし直川《のうがわ》付近と推定される能応《のお》郷の三間名《みまな》（任那）干岐《かんき》や牟佐村主《むさのすぐり》といった渡来系氏族などが混在している。紀の川下流域ではこれらの氏族が協力して朝鮮半島などとの交流をおこなっていたものと推定される。

岩橋型石室は、東は奈良県大淀町の岡峯《おかみね》古墳・槇ヶ峯《まきがみね》古墳、南は有田市の宮原古墳まで分布する。また、岩橋千塚古墳群のある紀の川南岸で採取される緑色片岩は、北は鳴滝一号墳や西庄《にしのしょう》遺跡の古墳のほか、大阪府岬町や淡路島の古墳に多数持ちこまれている。南は日高平野北部の箱谷《はこたに》三号墳や弁天山《べんてんやま》古墳（向山四号墳）に運ばれ、玄室前道部や屍床仕切り石、石室閉塞石として使われている。

西庄遺跡の古墳群は多葬・再葬の傾向が強く、副葬品に釣り針や製塩土器、緑色片岩製棒状石製品をもつことから海人《あま》集団の墓と考えられており、古墳築造集団の候補として海部直《あまのあたい》などがあげられる。弁天山古墳の横穴式石室は天井の構造に阿波、屍床に肥後の影響が考えられ、古墳の築造集団はその所在地から紀内原直《きのうちはらのあたい》が候補としてあげられる。紀直はこれらの集団と協力して海上ルートを確保し、西日本の海に大きな影響力をもっていたのだろう。

2　紀直を支えた集落と水路群

紀水門（紀伊湊）

古墳時代の紀の川は和歌山平野で南に向きを変えて、和歌浦《わかのうら》に注いでいたとされる（図3参照）。現在の市街地の姿からは想像しづらいが、紀水門《きのみなと》と総称される港津群は、今も市街地の下に埋まっている。和歌山城や鷺ノ森の本願寺のあたりは片岡・宇治とよばれた地で、和歌山市吉田付近には吉田津があったのだろう。市街地中央部を北に行くと紀臣系集団の根拠地とされる「北岸」地域がある。

北岸では平井津の近くに楠見遺跡、丘陵の谷筋には列島最大級の鳴滝倉庫群が築かれており、多量の初期須恵器が出土している。西方の沿岸部には製塩・漁撈の集落として名高い西庄遺跡があり、鹿角製品、鉄製品、玉類等も多数出土している。

これらの遺跡の間には、七四七年（天平一九）作の『大安寺《だいあんじ》伽藍縁起《がらんえんぎ》幷《ならびに》流記《るき》資財帳《しざいちょう》』によると牧《まき》がある。古墳時代中期の木ノ本古墳群はこれらの港と製塩をはじめとする各種産業、そして牧がある地を掌握した人びとの墓なのだろう。

南岸の徳勒津と音浦倉庫群、名草溝

紀の川の東の支流（現在の大門川《だいもんがわ》）を遡ると紀直系集団の根拠地「南岸」地域に至る。この地域の中心となる港は、先に紹介した徳勒津である。所在地は和歌山市新在家《しんざいけ》とみられ、この

地に特有の「得津《とくつ》」姓の人びとの名前にわずかにその痕跡を残している。付近のボーリング調査によると、現在の大門川は本来比較的川幅があって大きく蛇行しており、新在家付近から鳴神音浦遺跡のあたりまでの範囲に港が展開していたものと推定される。音浦遺跡では総柱の建物が多数見つかっており、物資の集積地として発展していた様子がうかがえる。

また、鳴神音浦は、現在の日前宮周辺の平野を潤す宮井用水の分水地点となっている。古墳時代も同様に、南西方向の鳴神Ⅴ遺跡に向かう水路群が確認されており、鳴神音浦は古来より灌漑用水の取水口を掌握する地であったことがわかる。

薗田香融が述べるように國懸神宮と日前神宮を造営し、「名草上下溝口の神」の祭祀をとりおこなう紀国造家は、灌漑

図51 ● 岩橋山塊西麓の遺跡群

鳴神の地は港につながる水路網を利用して、灌漑用水や交易・流通品の管理などをおこなう要所であった。渡来系集団の移住も進み、牧の経営のほか、韓鍛冶や須恵器生産も付近でおこなわれただろう。

水路網の掌握に権力基盤の一端をもっていたとみられており、冨加見《ふかみ》泰彦は、この集団を水の管理者集団として位置づけている。この水路群の形成時期は庄内期（三世紀頃）だが、五世紀前後に改変があり、平安時代末に現在の用水路になったものとみられる。

大日山Ⅰ遺跡の水源祭祀

水路群のつづく鳴神Ⅱ遺跡の東にあたる大日山山腹の大日堂前では現在も水が湧き、湧水地から溝がのびた先には祭祀遺跡として知られる大日山Ⅰ遺跡がある。

一九七〇～一九七一年にかけておこなわれた発掘調査では、コ字形の区画溝がめぐる竪穴建物跡と、すぐ脇の流路へおりる階段、石敷き遺構が検出された（図52）。この一連の遺構からは小型丸底土器を中心とした多量の土器のほか、鳥形𤭯《はそう》、滑石製模造品の杵《きね》や紡錘車《ぼうすいしゃ》、土製円盤、桃の実、猪の骨や歯などがみつかっている。とくに石敷き遺構のあたりに手づくね土器が多く、水源地の祭祀場として評価できるだろう。

紀伊鳴神の牧

鳴神Ⅴ遺跡では平地に周溝墓状の古墳が多数築かれているが、

図52●水源祭祀の跡
大日山Ⅰ遺跡では、溝に囲まれた竪穴建物から石段を下りると流路沿いに石敷きのスペースがある。このあたりからは、祭祀用具が多数出土している。

初期須恵器をともなう古墳時代中期になると、周溝内に馬の頭部を埋めるという犠牲馬の風習がはじまる。隣の鳴神Ⅳ遺跡では古墳のほか、掘立柱建物群と柵、馬の飼育に欠かせない塩を入れた製塩土器が多数出土する竪穴建物・土坑が確認された。周辺の水路群からは馬の骨・歯が多数出土している。

犠牲馬の風習をもつ古墳群と馬の骨・歯が出土する水路群、馬の飼育に必要な草・水・塩がそろうこの場所の一角には、溝のほか何も遺構が検出されない地区があり、ここに日本列島でも初期段階の牧の一つ「紀伊鳴神の牧」を想定した。この低地の現在の小字名は「有馬田《ありまだ》」といい、地名にもその痕跡が残されているように思われる。水路からは牛の骨も出土しており、この牧では馬のほかに牛も飼っていたのだろう。

これらの検討結果を総合すると、岩橋千塚古墳群の麓には港を中心に灌漑水路網がめぐらされ、人びとの暮らす居住域や水田の他、倉庫群、牧、水の祭祀場が展開していた様子がうかがえる。紀直の本拠地となる豪族居館は確認されていないが、日前宮の下に埋まっている可能性も考えられるだろう。

3 古墳群からみた紀国造体制

ここまで紀直系集団の築いた古墳群の抽出・分析をおこなうとともに、その集団の背景を考えてきた。ここではもう一度、岩橋千塚古墳群と紀直系集団について時期別に、まとめ直して、その特徴を明らかにしたい。

古墳時代中期の岩橋千塚古墳群の位置づけ

古墳時代中期のはじまりとともに、和歌山平野の集落に面した丘陵上で古墳群の形成がはじまる。岩橋千塚古墳群では、鳴神遺跡群に面した花山丘陵上に古墳の築造を開始する。

五世紀は巨大古墳の世紀ともいわれ、畿内では大和川沿いの交通の要衝の地に百舌鳥《もず》古墳群や古市《ふるいち》古墳群のような巨大な古墳群が形成される。しかし、岩橋千塚古墳群は五世紀代には古墳の大型化はみられず、五世紀中頃になると古墳群の形成がむしろ下火になる。

この時期に紀伊地域周辺で最上位の墓域として、海上交通路沿いの地に築かれたのが、淡輪《たんのわ》古墳群である。実際の古墳の内容や立地、文献の記述を総合すると、紀の川下流域周辺にいた集団の古墳築造の労働力が淡輪古墳群に集中投下されたとみてよいだろう。淡輪ニサンザイ古墳（宇度《うど》墓）は墳長一八〇メートルで、五十瓊敷入彦《いにしきいりひこ》の墓とされているが、年代は合っていない。『日本書紀』では、遠征中に新羅で病死した紀小弓宿禰の墓を、大王の命により大伴室屋大連と土師連小鳥が協力して築いた地が田身輪《たむわ》（淡輪）邑であるとしている。どちらにせよ、紀の川下流域周辺を中心として、周辺勢力の協力のもと築かれた古墳群が淡輪古墳群と考えられ、その集団には紀直を含む紀氏集

図53 ● 伝岩橋千塚古墳群出土の陶質土器
中央の壺と蓋は、４世紀末～５世紀の伽耶系土器とみられている。右の高坏と左の壺は5、６世紀の新羅系土器。

団（紀臣・坂本臣等）や紀崗前来目連を含む紀伊・和泉地域の大伴連系集団が含まれているものとみられる。

このように考えると、古墳時代中期の岩橋千塚古墳群は、紀伊地域全域を代表する淡輪古墳群の下位に位置づけられるため、その首長墓が帆立貝形古墳か中型前方後円墳にとどまり、紀氏集団が活躍したという五世紀の中頃に古墳群の築造が停滞した状況も理解しやすい。

淡輪古墳群の築造が終わると、交通の要衝での巨大古墳築造にあたっていた人びとの一部はそれぞれの集団の根拠地へと戻り、停滞していた在地の古墳群の築造を再開したのだろう。紀臣系集団に再編された人びとの一部は、平井津周辺に戻り大谷古墳等を築いたが、木ノ本古墳群を築いた集団は畿内へと活躍の場を求めて移動した可能性も考えられるだろう。紀崗前来目連を中心に再編された大伴連系の人びとは井辺前山古墳群の築造にあたったものと考えられる。この動きは岩橋千塚古墳群においても同様で、紀直系集団として再編された人びとは、花山地区での岩橋千塚古墳群の築造を再開したものと考えられる。

岩橋千塚古墳群の後期首長墓体制

花山地区で古墳の築造を再開した岩橋千塚古墳群には、紀直系集団の特色が明瞭にあらわれている。首長墓は大首長墓一基、中首長墓一基、小首長墓二〜四基という組み合わせが、花山六号墳から井辺一号墳まで六代に渡りつづく。各時期の首長墓は四九ページの図33のとおりで、大首長墓を頂点とする首長層の墓が丘陵の適地を確保しながら、墓域を移動させていることがわかる。

この体制のすごいところは、単純な親子間の相続ではなく、兄弟・叔父―甥での相続がつづいた可能性が高いにもかかわらず、ぶれがない点である。驚くほどに安定していることから、何か体制を安定させる秘訣があるのではないかと考えると、中首長墓にその秘密が隠されている可能性が高いように思う。

岩橋千塚古墳群の大首長墓の埋葬主体部は六代を通して一つしか築かれておらず、紀直の大首長個人の墓といえる。これに対して、中首長墓の主体部数は古い方から順に三基、二基以上、三基、二基…、と複数の主体部をもつ特徴がある。とくに知事塚と将軍塚は二つの横穴式石室を構築しており、紀直系集団のナンバー2であった人物の個人墓とは考えづらい。岩橋千塚古墳群では、紀直の大首長個人の墓の次のランクの墓として、首長近親者の共同墓が築かれている可能性を考えておきたい。

なお、小首長墓は主体部が一つで、墳形は帆立貝形、各代で二～四基築かれており、有力構成員個人の墓と推定される。小首長墓と群集墳の立地・規模の差は比較的小さく、ともに大首長墓の下に編成されている印象が強いため、今後、中小首長墓という表現でいいのか検討が必要かもしれない。

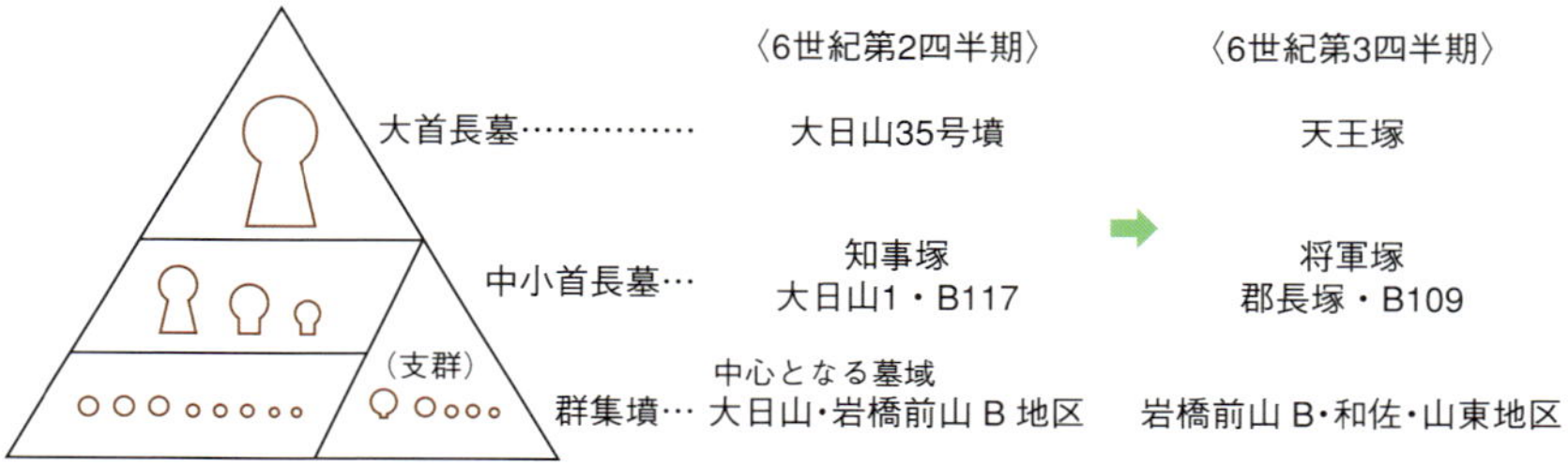

図54 ● 岩橋千塚古墳群の集団構成模式図
大首長墓を中心に墓域を移動していく集団と、移動せずに小さな支群を形成する古墳が見受けられる。

後期の首長墓の特徴

次に、これらの後期の首長墓の特徴をまとめておこう。

花山六号墳体制から四代目の天王塚体制までの古墳の形は前方後円墳と帆立貝形古墳、五代目が寺内地区の大型円墳、六代目が井辺地区の大型方墳となる。大首長墓が基本的にその地区の最高所を占め、若干の空白地をあけて中小首長墓と群集墳を形成しているが、明瞭な序列をもつわりに首長層と群集墳の距離が近い印象を受ける。

古墳の埋葬主体部は新たに岩橋型横穴式石室を創出している。玄室と羨道の間に玄室前道(通廊)部をもつ構造で、埋葬は基本的に石室に対して横向きにし、玄門・羨門を板石で閉塞する。岩橋山中で切り出した緑色片岩の板石を利用して築く石室は、まるで木材で船室をつくったかのような印象的な構造をもつ。初期の横

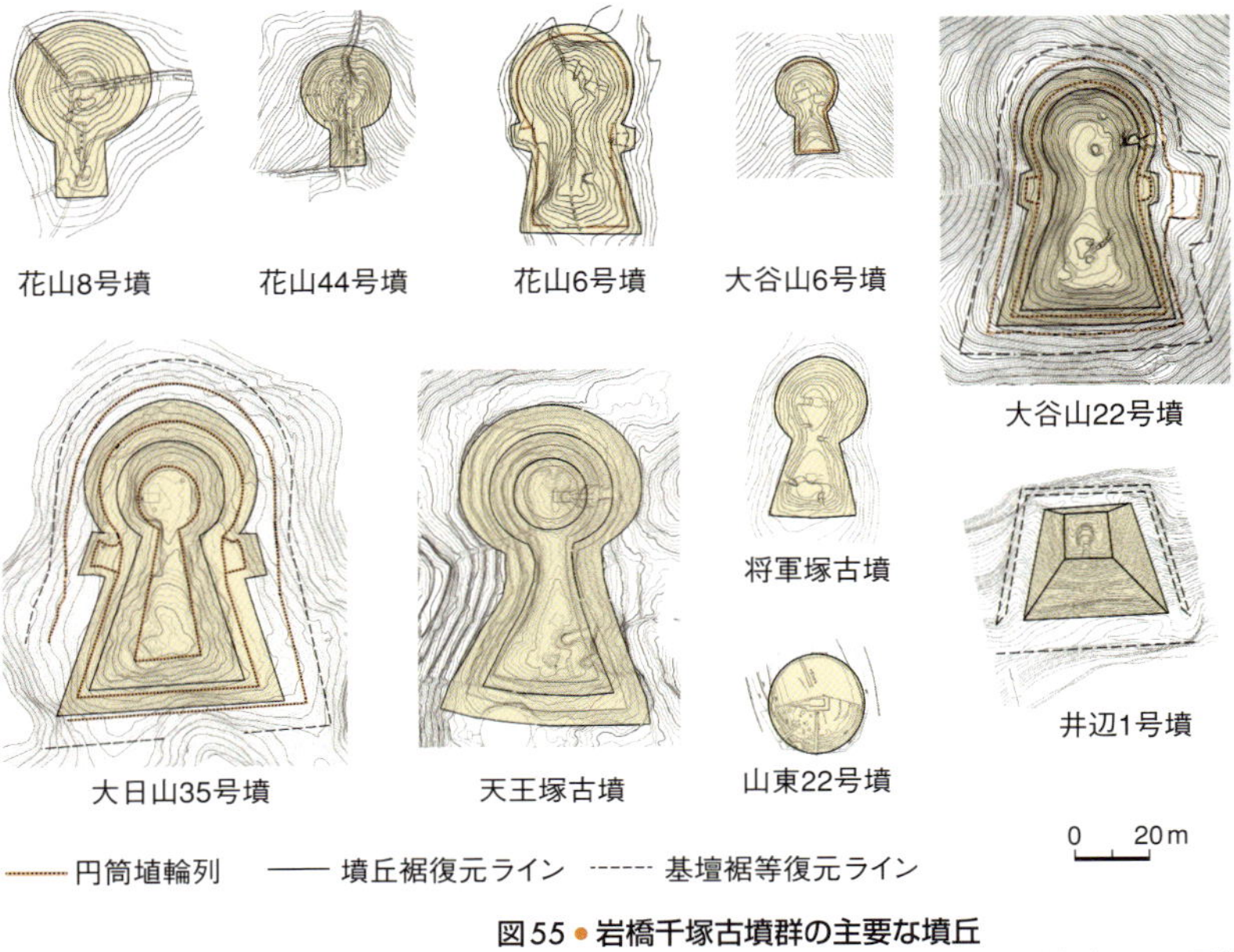

図55 ● 岩橋千塚古墳群の主要な墳丘
首長墓は前方後円墳と帆立貝形古墳があり、最後に大型円墳と大型方墳へと移行する。

穴式石室には北部九州や肥後地域、畿内地域、朝鮮半島など各地の特徴が断片的にみられるため、編年を組むのがむずかしいが、板石使用の増加や羨道のとり付き位置が右片袖傾向から玄室中央へ移行するなど、変化の方向性がほぼ決まっている部分も見受けられる。

造り出しへの埴輪群像の樹立は花山六号墳から大日山三五号墳まで発展を遂げる。独特な造形の埴輪は、現状では大谷山二二号墳の段階で創出されたものと推定される。

須恵器を用いた祭祀は継続しておこなわれているようで、墓前祭祀と墓上祭祀があったのか、埋葬主体部前やくびれ部、墳頂部等で土器片が表採できる。装飾付き須恵器の破片は花山六号墳から天王塚の段階まで確認できる。

群集墳の特徴

岩橋千塚古墳群の大首長墓の下には、尾根上に中

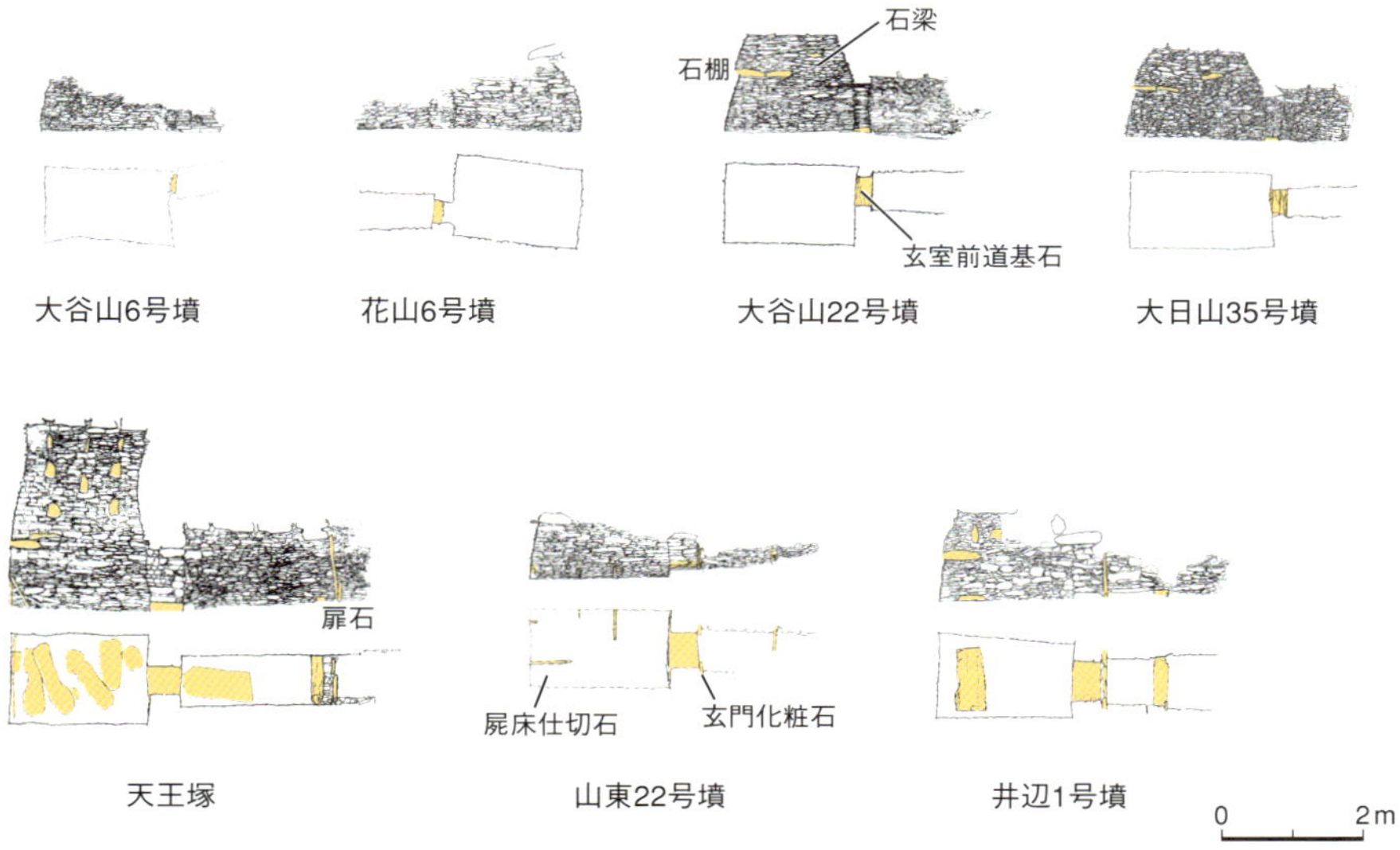

図56 ● 岩橋千塚古墳群の主要な横穴式石室
横穴式石室は右片袖傾向の強いものから、板石を多用した均整のとれた石室へと発展していく。

小首長墓とともに築かれた直属の集団と、山麓付近に支群を形成する集団が想定されるほか、直属の集団の中にも大日山七〇号墳のように渡来系の人物の墓などが編入されており（図57）、群集墳のすべてが紀直血縁者の墓とは限らない。岩橋千塚古墳群は広い意味で紀直の古墳群というのは問題ないが、正確には紀直以外の擬制的同族集団や渡来系技術者集団などを含んだ、紀直の大首長に統率された集団の古墳群として認識し、個々の古墳の評価をきちんとしていくことが必要であろう。

大日山一号墳や郡長塚の築かれた主稜線周辺には、その他の有力構成員の古墳も多いものとみられ、石梁・石棚を構築した石室の分布密度が高い。群集墳の築造年代は大首長墓に対して若干先行する古墳から半世紀ほど遅れる古墳まであり、没年の違いを反映している可能性もあるだろう。

これらの古墳に対して、岩橋前山B地区北麓や天王塚山の縁辺にある一群は、先に独立した古墳群とみなした井辺前山古墳群などとは異なり、岩橋千塚古墳群の大首長の墓域の設定・移動にともない、その山麓等の周辺部に新たに設定された支群として評価しておきたい。支群には明確な首長墓は確認できないが、岩橋前山B一六四・一六七号墳のように低平な造り出し状部分を認識できる円墳があり、支群内の有力な存在として認識可能である。岩橋前山A地区や

図57 ● 岩橋千塚古墳群中の渡来人の墓の出土品
大日山70号墳で、鍛冶道具とともに百済栄山江地域の「横向きに倒して焼く特徴のある壺」が出土した（壺の胴部分がくぼんでいる）。石室も、周囲とは異なる、左片袖式の横穴式石室が構築されていた。

寺内総綱寺谷の古墳群も六世紀には岩橋千塚古墳群の影響を強く受けているようで、古墳群・支群の重層的な関係が予測される。首長墓が曖昧な支群の形成は、紀直を中心とした擬制的同族集団の形成や、紀国造体制下への編入などを反映しているのだろう。

紀国造家としての地位の確立

大日山三五号墳と天王塚が築造された六世紀第２・第３四半期は、『日本書紀』で経湍《ふせ》屯倉《みやけ》・河辺《かわなべ》屯倉および海部《あま》屯倉が設置されたとされる時期である。これらの屯倉は、畿内政権により紀氏集団を包囲してその勢力をそぐために設置されたと解釈されてきたが、六世紀中頃に岩橋千塚古墳群は最盛期を迎えており、畿内政権による一方的な設置とみる解釈はむずかしいと思われる。実際には、紀直は国造として中央と連携して支配体制を再編している立場にあり、屯倉の設置も地域支配体制再編の事象の一端であるものとして評価したい。

六世紀中頃は、紀の川下流域を見渡せる岩橋山塊の東西の山頂に、同地域で過去最大級の前方後円墳を築くとともに、群集墳を築く階層までの序列化が進み、紀直が紀国造としての地位を古墳群で明確にした時期であったといえるだろう。

（丹野　拓）

第6章　その後の紀国造家

1　日前宮と幻の古代寺院

日前宮と幻の古代寺院

岩橋千塚古墳群の最後の首長墓である井辺一号墳が築かれたころ、都では飛鳥寺が建立される。紀伊でも七世紀第2四半期頃には古墳をつくるのをやめて、古代寺院の造営をはじめる。この時期に造営された寺院は山口廃寺・西国分《にしこくぶ》廃寺・北山廃寺・最上《もがみ》廃寺といった名草郡東部から那賀《なが》郡にかけての寺院があり、素弁《そべん》あるいは単弁の蓮華紋をあしらった軒丸瓦が出土している。紀伊地域で渡来文化を受容した最先端地域は紀水門周辺の低地部とみられるが、寺院跡はまったく残されていない。しかし、平安時代初期に名草郡出身の僧・景戒《きょうかい》が編纂したといわれる『日本国現報善悪霊異記《にほんこくげんぽうぜんあくりょういき》（日本霊異記）』には、名草郡の大谷堂や貴志寺といった寺院が登場する。

紀の川南岸では、これまで紀国造家が日前宮の宮司を世襲しているので、周辺に古代寺院が建立されなかったと考えられてきた。しかし、丹念に資料調査をしてみると、日前宮のすぐ北西隣接地では白鳳期以降の軒丸瓦が数点みつかっており、飛鳥・奈良時代の畿内系土師器や土管等も出土している。この付近は、のちに羽柴秀吉が太田《おおた》城の水攻めをおこなった地でもあり、太田廃寺とよぶべきこの幻の古代寺院も埋没・流出してしまったものとみられるが、注目すべきものとして軒丸瓦が二点みつかっている。

この瓦は上野廃寺系とよばれる型式の瓦で、和歌山市の府中遺跡・直川《のうがわ》廃寺・上野廃寺・山口廃寺、岩出市の西国分廃寺、紀の川市の荒見《あらみ》廃寺で出土している。その分布域には、七世紀前半（飛鳥文化期）の船橋廃寺式、坂田寺式やそのほかの素弁蓮華紋《そべんれんげもん》軒丸瓦《のきまるがわら》が分布し、七世紀後半（白鳳文化期）の薬師寺式（単弁）、統一新羅系の軒瓦も分布している。この軒瓦の分布する範囲は、古墳時代に紀氏集団を中心として成立した文化圏とほぼ重なり、そのまとまりが古代にも受け継がれている状況を示している。

七世紀中頃の段階では、紀の川下流域の軒瓦分布圏の周囲には、古代寺院の造営されない空白域が広がっていた。しかし、天武・持統朝期に畿内地域からの強力なバックアップがあり、伊都《いと》郡には四つの寺院がつぎつぎと造営され、かつらぎ町の佐野《さや》廃寺では

図58 ● 日前宮・國懸宮
日前宮と國懸宮は、岩橋山塊西麓の平野部に紀伊国一之宮として並び立ち、深く崇敬を集めてきた。

飛鳥の川原寺でみられる凸面布目平瓦という独特な瓦の供給もみられる。また、大阪府泉南市の海会寺《かいえ》では舒明《じょめい》天皇の建てた百済大寺《くだらのおおでら》とみられる寺院（桜井市吉備池廃寺）で使われた軒瓦の笵型《はんがた》が大阪の四天王寺を経由して運び込まれて瓦の生産がおこなわれている。この二つの古代寺院が畿内地域南限の寺であり、軒瓦も畿内色が強い。なお、伊都郡に入ってきた畿内色の強い瓦は、「紀」地域の中枢部にあたる紀の川下流域ではまったく使われず、名草郡南部にある日方《ひかた》川流域の薬勝寺《やくしょうじ》廃寺、有田川流域の田殿《たどの》廃寺、日高川流域の道成寺《どうじょうじ》と小松原《こまつばら》Ⅱ遺跡（別《わけ》寺《でら》推定地）、会津川流域の三栖《みす》廃寺といった紀中・紀南の沿岸部に展開している。

このように紀伊の古代寺院の軒瓦は紀の川下流域に先行してまとまりがあり、その後、周辺域に畿内色の強い瓦が入っていく特徴的な分布を示している。紀氏集団と大伴連系集団、渡来系集団を核とした紀の川下流域の「紀」地域は、古代になっても先進的な地域としてまとまりを保っていたことがうかがえる。

古代紀伊国の成立

文献で畿内と紀伊の境に触れた初出は六四六年（大化二）に発布されたとされる「改新の詔」の条文で、畿内南限は「紀伊の兄山《せのやま》」である。兄山は伊都地域と那賀地域を分ける南海道の峠越えの山であるが、この周辺は古墳の分布が極端に少ない。七世紀中葉の段階でも境界は曖昧であるが、七世紀後葉の段階ではこの山の東三・三キロに畿内色の強い佐野廃寺、西四・五キロに紀の川下流域の色彩の濃い荒見《あらみ》廃寺が造営されている。

もともと帰属の曖昧であった紀の川中・上流域の伊都郡が紀伊に含まれたのは七〇一年（大宝元）の大宝律令の制定によるもので、紀の川下流域に紀の川中流域と紀南地域を加えて古代紀伊国の領域が制定された。

しかし、その後も二つの地域性は残存したようで、紀の川下流域と周辺域という図式はつづいていく。紀の川下流域からみて周辺にあたる地域は畿内とのつながりをもちつづけ、やがて信仰の地へと変貌し、紀の川中・上流域に高野山《こうやさん》・吉野《よしの》・大峯《おおみね》を、紀南に熊野《くまの》三山を成立させた。世界遺産となった「紀伊山地の霊場と参詣道」は、平安時代に畿内文化の流入地に成立した霊場と参詣の道である。

紀の川下流域は奈良時代に和歌浦に畿内文化が流入するものの、紀（伊）国造家の奉祀する日前宮を中心として在地色が根強く残った。その後、熊野参詣が盛んになった平安時代後期には、神仏習合思想の影響で日前神宮・國懸神宮の隣に貞福寺、大神宮寺が建立

図59 ● 日前宮・國懸宮と岩橋千塚
平安時代後期には神仏習合思想のもと、日前宮の西（写真手前）に貞福寺、國懸宮の東（写真奥）に大神宮寺が造営された。

される（図59）。紀伊国造家は、中世には荘園領主として勢力を張り、現在も日前宮で祭祀をつづけている。

2　今もつづく特別史跡の整備

岩橋千塚古墳群では、徳川頼倫の来訪から一〇〇年に渡り調査と保存のとり組みが重ねられてきた。本書ではその成果を踏まえ、筆者なりに岩橋千塚古墳群の調査・整理・整備を担当するなかで考えた古墳群と周辺地域の具体的な姿を紹介させていただいた。古墳群の認識は研究者次第で異なる部分もあると思うが、紀国造家の首長墓を中心に展開する巨大群集墳の重層的な構造について、少しでも理解を進める参考となれば幸いである。

和歌山県では、これまでの調査と保存の歴史を引き継ぎ、現在、総力をあげて古墳群の保存整備事業が進められている。大谷山二二号墳と天王塚の追加調査がおこなわれ、二〇一六年度には特別史跡に追加されるとともに、大日山三五号墳の埴輪等が重要文化財に指定された。二〇一七年度には天王塚の石室の再調査がおこなわれ、壮大な石室が再び開口した。関係機関や各種の会、周辺住民の協力を得て、古墳群の保存整備事業とともに、特別史跡の追加指定業務が進行している。また、航空レーザー測量、過去に調査された古墳の再整理事業も動きだしており、紀伊風土記の丘の学芸員たちが中心となって、日々着々と進行している。

古墳群の築かれたこの丘は岩橋山塊というが、その中心部は山麓に建てられた資料館とともに「紀伊風土記の丘」とよばれ、毎年延べ二〇万人の人びとが訪れるフィールドミュージアムとなっている。古墳群をめぐる園路はウォーキングコースとして親しまれており、なにげなく歩いている人たちのなかにも古墳群を築いた人びとの子孫が大勢いることだろう。作業着を着て丘を歩くと、我々調査担当者はいたるところで「やあ、ご苦労さん。また、何か新しいこと、わかったかい？」と声をかけられる。そこで、「いやぁ、いろいろわかってきましたよ。どの話がいいですかねぇ」と答え、はるか昔の話に花を咲かせる。

紀の川の向こうに海が見えるこの丘で、今日も歴史は途切れることなく、一五〇〇年の時を超えてゆっくりと流れている。

（丹野　拓）

図60 ● **大日山35号墳東造り出しの復元整備**
実物大の円筒埴輪をつくった人たちが集まって埴輪を設置した。作業中にみんなで撮った一コマ。

主要参考文献

大野雲外　一九〇七「紀伊海草郡岩橋古墳発見祝部土器」『東京人類学会雑誌』第二二巻（二五八）（第一書房）
大野雲外　一九〇七「紀伊国古墳石槨構造に就て」『東京人類学会雑誌』第二三巻（二五九）（第一書房）
大野嶺夫　二〇〇三『岩橋千塚とところどころ』
河上邦彦　一九九五『後・終末期古墳の研究』雄山閣出版
関西大学文学部考古学研究室　一九六七『岩橋千塚』和歌山市教育委員会
関西大学考古学研究室　一九六七『和歌山市花山西部地区古墳群調査概報』和歌山市教育委員会

関西大学文学部考古学研究室　一九六七『和歌山市東部地区埋蔵文化財（古墳）第一次分布調査概報』和歌山市教育委員会
関西大学文学部考古学研究室　一九七二『和歌山市における古墳文化』和歌山市教育委員会
岸　俊男　一九六三「紀氏に関する一試考」『近畿古文化論攷』橿原考古学研究所編　吉川弘文館
日下雅義　一九七九「紀伊湊と吹上浜」『和歌山の研究―地質考古編―』清文堂出版
黒石哲夫　二〇〇三「紀伊の渡来人―横穴式石室からみた渡来人の動向―」『日本考古学協会滋賀大会研究発表資料』
栄原永遠男　二〇〇四『紀伊古代史研究』思文閣出版
佐藤純一・清水邦彦・関真一・辻川哲朗・松田度　二〇〇七「井辺八幡山古墳の再検討―造り出し埴輪群の配置復原を中心に―」『同志社大学歴史資料館館報』一〇
薗田香融　一九九二『日本古代の貴族と地方豪族』塙書房
丹野　拓　二〇一二「紀伊の牧」『紀伊考古学研究』第一五号　紀伊考古学研究会
丹野　拓　二〇一三「岩橋千塚の四つの築造集団」『古文化談叢』第七〇集　九州古文化研究会
丹野　拓　二〇一四「紀伊における飛鳥・白鳳期の軒瓦の系譜と地域性」『考古学研究』第六一巻第一号
丹野　拓　二〇一五「双脚輪状紋形埴輪の冠帽としての検討」『河上邦彦先生古稀記念献呈論文集』
丹野拓・藤藪勝則　二〇一四「大谷山二二号墳の形象埴輪―胡籙形埴輪の紹介と検討―」『紀伊考古学研究』第一七号
同志社大学文学部文化学科内考古学研究室　一九七二『井辺八幡山古墳』和歌山市教育委員会
中司照世　二〇〇三「岩橋型横穴式石室について―後期前半の首長墳の編年を中心に―」『紀伊考古学研究』第六号
藤井幸司　二〇〇五「大日山三五号墳の調査成果」『日本考古学』一九　日本考古学協会
藤井幸司　二〇〇八「岩橋千塚古墳群の埴輪群像―和歌山　大日山三五号墳の調査成果から―」『埴輪群像の考古学』青木書店
吉田宣夫　一九九一「岩橋千塚古墳群」『図説 日本の史跡』第三巻　同朋舎出版
和歌山県　一九二一「岩橋千塚第一期調査」『和歌山県史蹟名勝天然記念物調査会報告書』第一輯
和歌山県教育委員会　一九八七『井辺前山古墳群とその関連遺跡』
和歌山県教育委員会　二〇〇〇『岩橋千塚周辺古墳群緊急確認調査報告書』
和歌山県教育委員会　二〇一〇・二〇一三・二〇一五『特別史跡岩橋千塚古墳群発掘調査・保存整備事業報告書』一〜三
和歌山県史編さん委員会　一九八三『和歌山県史』
（財）和歌山県文化財センター　一九九九『謎の古代豪族紀氏』清文堂出版
和歌山県立紀伊風土記の丘資料館　一九九六『石棚と石梁』特別展図録
和歌山県立紀伊風土記の丘　二〇〇八『岩橋千塚―平成二〇年度特別展図録―』
和歌山市教育委員会　一九九六『和歌山市埋蔵文化財発掘調査年報』3
NEIL GODON MUNRO　一九一一 *"PREHISTORIC JAPAN"*

和歌山県立 紀伊風土記の丘

・住所・交通などは、紀伊風土記の丘資料館参照。

園内には約四五〇基の古墳があり、特別史跡に指定されている。将軍塚の横穴式石室や前山A一一一号墳の竪穴式石室など、多数の古墳の墳丘や主体部が観察できる。古墳群のほか、花木園・万葉植物園・移築民家等もある。

和歌山県立紀伊風土記の丘入口と岩橋千塚遠景

紀伊風土記の丘資料館

・和歌山市岩橋1411
・電話 073（471）6123
・開館時間 9：00〜16：30（入館は16：00まで）
・休館日 月曜日、年末年始ほか
・入館料 一般190円、大学生90円、高校生以下無料、65歳以上無料。特別展期間は別料金。入園料は無料
・交通 JR和歌山駅東口より和歌山バス「紀伊風土記の丘」行き、終点下車。JR田井ノ瀬駅から徒歩30分。阪和高速道路「和歌山インター」より約5分

資料館館内の展示

重要文化財大日山三五号墳出土埴輪、前山A五八号墳出土埴輪など岩橋千塚古墳群で出土した遺物を展示している。

和歌山市立博物館

・和歌山市湊本町3—2
・電話 073（423）0003
・開館時間 9：00〜17：00（入館は16：30まで）
・休館日 月曜日、祝日の翌日、年末年始ほか
・入館料 一般・大学生100円、高校生以下無料。特別展期間は別料金
・交通 南海和歌山市駅より徒歩約5分

関西大学・同志社大学・京都大学に発掘を依頼した岩橋千塚古墳群・井辺八幡山古墳・大谷古墳の出土遺物を展示。館内には天王塚の玄室内を再現した部屋もある。

遺跡には感動がある

――シリーズ「遺跡を学ぶ」刊行にあたって――

「遺跡には感動がある」。これが本企画のキーワードです。

あらためていうまでもなく、専門の研究者にとっては遺跡の発掘こそ考古学の基礎をなす基本的な手段です。また、はじめて考古学を学ぶ若い学生や一般の人びとにとって「遺跡は教室」です。

日本考古学では、もうかなり長期間にわたって、発掘・発見ブームが続いています。そして、毎年厖大な数の発掘調査報告書が、主として開発のための事前発掘を担当する埋蔵文化財行政機関や地方自治体などによって刊行されています。そこには専門研究者でさえ完全には把握できないほどの情報や記録が満ちあふれています。しかし、その遺跡の発掘によってどんな学問的成果が得られたのか、その遺跡やそこから出た文化財が古い時代の歴史を知るためにいかなる意義をもつのかなどといった点を、莫大な記述・記録の中から読みとることははなはだ困難です。ましてや、考古学に関心をもつ一般の社会人にとっては、刊行部数が少なく、数があっても高価なその報告書を手にすることすら、ほとんど困難といってよい状況です。

いま日本考古学は過多ともいえる資料と情報量の中で、考古学とはどんな学問か、また遺跡の発掘から何を求め、何を明らかにすべきかといった「哲学」と「指針」が必要な時期にいたっていると認識します。

本企画は「遺跡には感動がある」をキーワードとして、発掘の原点から考古学の本質を問い続ける試みとして、日本考古学が存続する限り、永く継続すべき企画と決意しています。いまや、考古学にすべての人びとの感動を引きつけることが、日本考古学の存立基盤を固めるために、欠かせない努力目標の一つです。必ずや研究者のみならず、多くの市民の共感をいただけるものと信じて疑いません。

二〇〇四年一月

戸沢充則

著者紹介

丹野　拓（たんの・たく）

1973年、大阪府生まれ。

立命館大学、関西大学大学院、奈良県立橿原考古学研究所、和歌山県教育委員会、和歌山県立紀伊風土記の丘を経て、現在和歌山県文化財センター 埋蔵文化財課 課長。元関西大学非常勤講師。博士（文学）。

主な著書　「岩橋千塚の４つの築造集団」『古文化談叢』70、「紀伊における飛鳥・白鳳期の軒瓦の系譜と地域性」『考古学研究』241ほか多数。

米田文孝（よねだ・ふみたか）

1953年、大阪府生まれ。

関西大学大学院、日本学術振興会特別研究員等を経て、現在関西大学文学部教授。博士（文学）。

主な編著書　『紀伊半島の文化史的研究―考古学編―』（清文堂）、『祇園精舎―サヘート遺跡発掘調査報告書―』（関西大学）、『都塚古墳発掘調査報告書―飛鳥の多段築墳の調査―』（明日香村教育委員会）ほか多数。

写真提供（所蔵）
和歌山市立博物館：図２右（国〈文化庁保管〉）・17左（和歌山市教育委員会所蔵）、和歌山市教育委員会：図2左・40、和歌山県立紀伊風土記の丘：図4・9・12・19〜25・27・28・30・36〜39・47・52・53・57・資料館館内、奈良県立橿原考古学研究所：図10・41、関西大学考古学研究室：図11・13・14、同志社大学歴史資料館：図16・17右（和歌山市教育委員会所蔵）、著者：図26・27・29・44（和歌山市教育委員会所蔵）、関西大学文学部考古学研究室1967：図35、和歌山県文化財センター：図59

図版出典（一部改変）
図3：国土地理院5万分の1地形図「和歌山」「粉河」、図6：大野雲外1907、図7：Neil Godon Munro 1911、図8：和歌山県立紀伊風土記の丘、図15：同志社大学文学部考古学研究室1972、図21：和歌山県教育委員会2013

上記以外は著者

シリーズ「遺跡を学ぶ」126
紀国造家《きこくぞうけ》の実像をさぐる　岩橋千塚《いわせせんづか》古墳群

2018年7月1日　第1版第1刷発行

著　者＝丹野　拓・米田文孝
発行者＝株式会社 新 泉 社
東京都文京区本郷2−5−12
TEL 03（3815）1662 ／ FAX 03（3815）1422
印刷／三秀舎　製本／榎本製本

ISBN978−4−7877−1836 −5　C1021

シリーズ「遺跡を学ぶ」